테크 취재의 정석

테크 취재의 정석

ⓒ 심재훈, 2026

초판 1쇄 발행 2026년 2월 13일

지은이   심재훈
펴낸이   이기봉
편집   좋은땅 편집팀
펴낸곳   도서출판 좋은땅
주소   서울특별시 마포구 양화로12길 26 지월드빌딩 (서교동 395-7)
전화   02)374-8616~7
팩스   02)374-8614
이메일   gworldbook@naver.com
홈페이지   www.g-world.co.kr

ISBN   979-11-388-5426-9 (03070)

테크 취재의 정석

심재훈 지음

**AI·반도체·바이오·우주를
팩트로 쓰는 실전 원칙**

좋은땅

테크를 제대로 이해하는 기자가 필요한 시대

현재 기술은 이제 산업의 한 분야가 아니라 사회 전반을 움직이는 기반이 됐다.

AI 모델 하나가 금융 구조를 바꾸고 반도체 공정 한 단계가 글로벌 공급망을 흔들며 우주 발사는 국가 전략의 핵심이 되고 바이오 임상 데이터는 기업의 생존을 좌우한다. 기술은 더 이상 전문가 집단만의 언어가 아니다. 한국의 모든 산업과 정책이 기술에 좌우되고 있으며 언론도 예외가 아니다.

하지만 취재 현장에서 마주하는 현실은 쉽지 않다.

기술은 빠르게 바뀌고 용어는 난해하며, 기업·정부의 발표는 복잡한 구조 속에서 이뤄진다.

기자는 매일 쏟아지는 AI, 반도체, 바이오, 통신, 우주 관련 정보를 제한된 시간 안에 검증하고 이해하고 독자에게 설명해야 한다. 기술적 사실을 파악하지 못하면 기사 방향이 흔들리고, 작은 오해 하나가 전체 맥락을 왜곡하기도 한다.

테크부에서 수많은 기사와 취재 과정을 지켜보며 한 가지 필요성을 절감했다. "기자들이 기술을 이해할 수 있는 실전형 교과서가 없다"는 점이다.

정치·경제·사회 분야에는 오래 축적된 취재 매뉴얼과 사례집이 존재하지만 테크 분야에는 기자들이 참고할 체계적인 기본서가 거의 없었다.

전공이 다르고 경험이 다르며 기술 변화속도가 너무 빠르기 때문에 신입 기자뿐 아니라 경력 기자에게도 일관된 '기술 취재 기준'을 마련하기가 쉽지 않았다.

이 책은 그런 고민에서 출발했다.

AI·반도체·통신·보안·우주·바이오·빅테크·순수과학까지 테크부가 다루는 모든 분야를 실전 중심으로 정리했다. 기술 개념, 산업 구조, 정책 체계, 취재 절차, 기사 템플릿, 검증 체크리스트 등 현장에서 필요한 내용만 담았다.

간담회 질문 리스트, 보안 사고보도 프로토콜, 규제 분석 프레임 등은 기자가 당장 마주하는 상황을 기준으로 구성했다.

이 책은 기술을 깊이 공부하는 책이 아니라 기자가 기술을 정확히 이해하고 사실을 바탕으로 기사를 쓸 수 있도록 돕기 위한 책이다.

기자의 역할은 기술을 과장하거나 단순 소비하는 것이 아니라 기술을 객관적으로 설명하고, 맥락을 연결하고, 영향과 쟁점을 분명히 하는 것이다.

현업 기자, 예비 기자, PR 담당자, 정책 담당자에게 이 책이 새로운 시각과 실질적 도움을 제공하길 기대한다.

테크 저널리즘은 이제 선택이 아니라 필수다.

기술이 세상을 바꾸고 있는 만큼 기자가 기술을 이해하는 방식이 언론의 품질을 결정한다고 봐도 과언이 아니다.

차례

프롤로그   5

 1부 테크 기자의 기본기

1장 테크부의 역할과 취재 철학   23

1. 테크 저널리즘의 정의   23
2. 기술·정책·산업 보도의 차이   25
3. 테크부 보도 원칙   27

2장 테크 기사의 기본 구조   31

1. 테크 기사에서 '팩트(Fact)'란 무엇인가   31
2. 테크 기사 리드(Lead) 쓰는 법   33
3. 데이터 기반 기사 작성 원칙   35
4. PR성 문장 거르는 체크리스트   37

3장 기술 이해의 기본기   40

1. 기술 백서·보고서 읽기   40
2. 키노트·기자간담회 정보선별하기   42
3. 기술·수치·벤치마크 해석의 기본   44

4장 테크 취재 실전 스킬   48

1. 기술 행사·데모 취재 요령   48
2. 엔지니어/연구자 인터뷰 기술   50
3. 규제·법령 취재 프레임   52
4. 피싱·보안 사고 취재 시 주의사항   54
5. 글로벌 기업 취재   55

2부 분야별 핵심 개념 사전

1장 AI·데이터·클라우드   61

1. AI·LLM 핵심 용어   61
2. 인공지능 모델 구조(LLM·RNN·Transformer)   64
3. 학습·추론·튜닝 기본 개념   65
4. 데이터센터·전력·GPU 구조   67
5. AI 윤리·안전성 기준   69

2장 반도체·HW 인프라 71

1. 반도체 기본 구조(노드·공정·HBM) 71

2. 설계·파운드리·OSAT 생태계 73

3. 팹리스·파운드리 시장 구조 75

4. 패키징·첨단 공정 기술 76

5. 반도체 글로벌 경쟁지형 78

3장 통신·네트워크·전파 정책 82

1. 이동통신 세대(3G·LTE·5G·6G) 핵심 이해 82

2. SA/NSA·백홀·RAN 등 통신망 구조 84

3. 주파수 재할당·경매 체계 86

4. 통신 품질 지표·측정 기준 87

5. 데이터 트래픽·망중립성 구조 89

4장 보안·사이버·해킹 92

1. APT·라자루스 공격 방식 92

2. 스피어피싱·랜섬웨어 구조 94

3. 국가기반시설 공격 패턴 95

4. 보안사고 분석·팩트체크 방법 97

5. 기업 보안 투자 구조(3N·클라우드) 99

5장 게임·콘텐츠·플랫폼 백과사전   103

1. 게임 산업 구조: 개발 → 퍼블리싱 → 배포   103
2. 플랫폼 수익 모델: 광고·인앱·구독 경제학   105
3. 웹툰·OTT·메타버스 핵심 개념   107
4. 앱마켓 정책·규제(DMA·국내 제도)   109

6장 제약·바이오·헬스케어   112

1. 약물 기전(MoA)·항체·ADC의 이해   112
2. 세포·유전자 치료제(CGT)   114
3. 임상시험 지표: 1상·2상·3상·PFS·ORR·OS   115
4. 규제기관과 절차(FDA·EMA·식약처)   116
5. CDMO·CRO·CMC 이해   118
6. AI 신약개발·우주 제약   120

7장 빅테크
(네이버·카카오·구글·애플·MS 등)   123

1. 빅테크 생태계 구조: 플랫폼의 '세 겹 구조'   123
2. 검색·광고 알고리즘의 기본   124
3. SNS·커뮤니티 플랫폼 구조   126
4. 글로벌 규제: 반독점·데이터·콘텐츠   127
5. 한국 빅테크 심층 이해(네이버·카카오)   129
6. 글로벌 빅테크 심층 이해   130

8장 우주항공·위성 산업   **134**

1. 발사체 구조의 이해   134
2. 위성: LEO, GEO·SAR·EO   136
3. 우주 데이터·지상국의 역할   138
4. 한국 우주 정책: 우주청·KARI 구조   139
5. 글로벌 우주시장   140

9장 순수과학(기초과학 개론)   **144**

1. 양자역학·양자컴퓨팅 기본   144
2. 초전도·초저온 기술   146
3. 핵융합(토카막·레이저·소형화)   147
4. 재료과학(배터리·촉매·그래핀)   149
5. 합성생물학·CRISPR   151
6. 학술 논문·통계 해석(P-value 등)   152

3부 공시·IR 자료 읽기 매뉴얼

1장 공시·IR 자료 읽기 매뉴얼   **157**

1. 매출·영업이익·CAPEX·R&D 해석법   157
2. 공시·IR 자료를 읽는 '절차 중심' 실전 매뉴얼   162
3. 산업별 IR 자료 읽기 포인트   164

2장 각 분야별 기자간담회 질문 리스트

2장 각 분야별 기자간담회
질문 리스트   167

1. AI 분야 질문   167
2. 반도체 분야 질문   168
3. 통신·네트워크 분야 질문   169
4. 빅테크(네이버·카카오·구글·애플·메타·MS)
   분야 질문   170
5. 바이오·제약 분야 질문   172
6. 우주·항공·위성 분야 질문   173
7. 보안·사이버·해킹 분야질문   174
8. 게임·콘텐츠 분야 질문   175

3장 규제·정책 보도 절차   177

1. 정책·규제 기사에서 가장 중요한 원칙   177
2. 법안 처리 절차: 국회 중심의 보도프로세스   178
3. 정부 정책 발표의 구조   180
4. 규제 영향 분석 프레임   182
5. 규제 보도 시 반드시 확인해야 할 자료   183
6. 규제 기사 작성 절차(실전형)   184

4장 사고·사건 보도 프로토콜   186

1. 공통 원칙: 사고 보도의 3대 원칙   186
2. 보안 사고 보도 프로토콜   187
3. 장애(데이터센터·클라우드) 보도 프로토콜   188
4. 우주 발사 실패 보도 프로토콜   190
5. 약물 임상 중단 보도 프로토콜   191

5장 기술 과장·마케팅 검증 루틴   194

1. 기술 과장 검증의 절대 원칙   194
2. '세계 최초·혁신·초거대AI' 표현 검증 루틴   195
3. 기업 PR 자료의 포장 벗기기   199
4. 기술 과장 위험 신호 리스트   202

6장 글로벌 자료·보고서 활용법   203

1. 글로벌 자료를 다룰 때의 3대 원칙   203
2. Gartner 활용법   204
3. IDC 활용법   206
4. CB Insights 활용법   207
5. 논문 검색법(학술 연구 활용)   208
6. 특허 검색법   209
7. 글로벌 자료 인용 시 기사 작성체크리스트   210
8. 활용 예문 모음   211

4부 기사 작성 스타일북

1장 문장 스타일 기준   215

1. 테크부 문장 스타일의 기본 철학   215
2. 자제할 표현(의인화·과장·모호한 형용사)   216
3. 문장 구조 규칙   218
4. 독자 친화적 기술 설명법   219
5. 문장 교정 실전 예제   221

2장 제목 작성법   223

1. 제목 작성의 3대 원칙   223
2. 플랫폼별 제목 최적화 규칙   224
3. 분야별 제목 템플릿   227
4. 고급 제목 전략   230
5. 제목 자제 규칙   231

3장 리드 작성법   232

1. 좋은 리드의 3대 원칙   232
2. 테크부 리드 구조: '배경 → 쟁점 → 데이터 → 핵심 문장'   234
3. 리드 작성 절차   235
4. 분야별 리드 템플릿   236
5. 실전 리드 예제   240

5부 테크부 기사 템플릿

1장 AI 신제품 발표 기사 템플릿   243

2장 빅테크 전략 발표 기사 템플릿   245

3장 반도체 실적 기사 템플릿   247

4장 통신 주파수·요금제 기사 템플릿   249

5장 보안 사고 분석 기사 템플릿   251

6장 데이터센터 장애 기사 템플릿   253

7장 우주 발사 성공/실패 기사 템플릿   255

8장 임상 결과 기사 템플릿   257

9장 바이오 CDMO 기사 템플릿   259

10장 규제·정책 변화 기사 템플릿   261

11장 게임/콘텐츠 흥행 기사 템플릿   263

12장 논문 기반 과학 기사 템플릿   265

6부 부록

1장 테크 용어 사전   269

1. AI·데이터·클라우드   269

2. 반도체 구조·소자기본   274

3. 제조·공정·장비   276

4. 시장·기업·산업 구조   277

5. 이동통신(3G·LTE·5G·6G) 기본   279

6. 네트워크·장비·전송 구조   281

7. 주파수·전파·규제   282

8. 품질·요금제·서비스   284

9. 공격 기법·APT·해킹 유형   285

10. 악성코드·취약점·보안 용어   286

11. 침해사고·디지털 포렌식·로그 분석   288

12. 규제·정책·산업 구조   290

13. 발사체 기본 구조·비행 단계   290

14. 엔진·추진제·로켓 기술   292

15. 위성·탑재체·지상국   294

16. 우주산업·정책·기관   295

17. 신약개발·기초 개념   296

18. 항체·세포·유전자 치료제   298

19. 임상시험·결과 지표   299

20. 규제·산업·AI·우주제약   301

21. 빅테크 기업·서비스 구조   302

22. 광고·결제·수익 모델   303

23. 규제·경쟁·정책   305

24. 한국·글로벌 빅테크 심층 개념   307

25. 물리·양자·초전도   307

26. 핵융합·플라즈마·천체   309

27. 재료과학·나노·배터리·촉매   311

28. 생명과학·통계·연구 방법론   312

29. 정부·국회·규제 체계   313

30. 국제기구·국제 기준·무역 규제   315

31. 산업 구조·기업 전략·재무 개념   316

32. 디지털·사회·국가 전략   318

2장 한국 테크기업 지도
(AI·바이오·우주·반도체)   **319**

1. 테크기업 지도의 목적   319

2. 공통 프레임: 4분면 지도   319

3. 한국 AI 생태계 지도   320

4. HBM·메모리·파운드리·장비·소재·패키징   324

3장 주요 규제 연표 (AI·통신·데이터·플랫폼·바이오·우주)   326

1. AI 규제 연표   326
2. 통신·전파·망 규제 연표   327
3. 데이터·개인정보·보안 규제연표   327
4. 플랫폼·콘텐츠 규제 연표   328
5. 바이오·헬스·의료 규제연표   328
6. 우주·항공 규제 연표   329

4장 테크 베스트 기사 선정·해설   330

1. AI·데이터·클라우드 분야   330
2. 반도체·HW·전기전자 분야   333
3. 통신·네트워크·전파 정책   335
4. 보안·해킹·사이버 분야   337
5. 우주·항공·위성·뉴스페이스   338
6. 바이오·제약·의료   340
7. 플랫폼·콘텐츠·게임·빅테크   341

에필로그   343

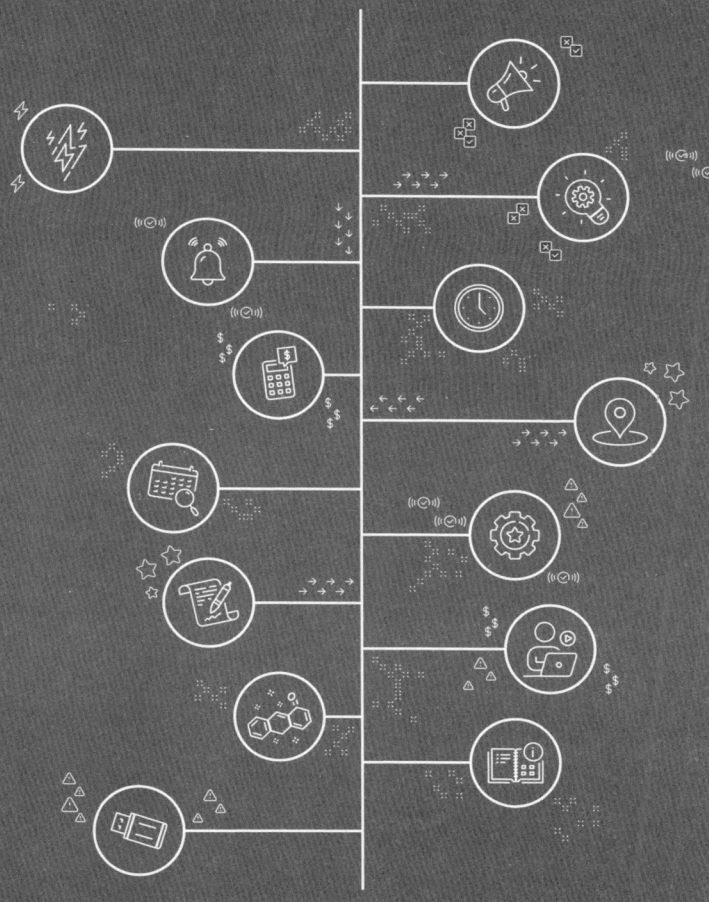

1부

테크 기자의
기본기

1장

테크부의 역할과 취재 철학

1. 테크 저널리즘의 정의

테크 저널리즘(Tech Journalism)은 기술 변화가 사회·경제·산업·정책·안보·일상에 미치는 영향을 사실 기반으로 설명하는 전문 보도 영역이다.

과장된 기술 담론이나 기업 홍보를 전달하는 것이 아니라, 기술이 실제로 무엇을 바꾸고, 어떤 위험과 기회를 만드는지를 독자가 이해하도록 돕는 것이 본질이다.

테크 저널리즘은 다음의 성격을 갖는다.

1) 기술을 사회적 현상으로 읽는다

기술은 과학·경제·법·문화와 연결된 복합 현상이다. AI, 통신, 반도체, 바이오, 우주, 빅테크 등은 기술뿐 아니라 규제·정책·산업 구조와 함께 보아야 한다. 기자는 기술을 "기술 자체"가 아닌 사회적 영향으로 해석해야 한다.

2) 기업·정부·사용자 3자 시각으로 본다

하나의 기술을 놓고도 기업은 수익·전략·시장, 정부는 규제·정책·표준, 이용자는 서비스 품질·효용·위험 등 서로 이해관계가 충돌한다. 테크 저널리즘은 이를 균형 있게 분석해야 한다.

3) 기술의 '가능성'보다 '현실'을 다룬다

"혁신", "미래 기술" 같은 추상적 메시지는 검증이 어렵다. 테크 기자는 현재 존재하는 데이터·기술 수준·정책 상황을 기준으로만 보도해야 한다.

4) 숫자·데이터를 기반으로 설명한다

테크 기사는 감정·관찰이 아니라 매출, CAPEX, GPU 수량, 전력 사용량, 벤치마크 점수, 임상 데이터, 통신 품질 등 구체적 수치를 기반으로 작성해야 한다.

5) 기술의 '한계'도 똑같이 서술한다

기술 보도는 장점만 다루면 PR이고 단점만 다루면 문제가 될 수 있다. 테크 저널리즘은 장점·한계·부작용을 모두 포함해야 균형 잡힌 보도가 된다.

2. 기술·정책·산업 보도의 차이

테크부는 하나의 기술 이슈를 '기술·정책·산업'이라는 3개 프레임으로 나누어 바라본다.

이 세 영역은 서로 연결되어 있지만, 기자는 이 차이를 정확히 구분해야 한다.

1) 기술 보도

기술의 구조·원리·성능·한계를 중심으로 보도하는 방식이다.

- 기술 보도의 핵심 질문
  - 이 기술은 어떤 구조인가?
  - 어떤 조건에서 성능이 달라지는가?
  - 실제 구현 가능한 단계인가?
  - 자료·수치·벤치마크로 검증됐는가?
  - 기술의 한계·부작용은 무엇인가?

- 기술 보도의 흔한 오류

  기업 발표보다 기술적 근거가 약한 정보사용, 로드맵(계획)을 기술로 오해, 테스트 조건 없이 성능 수치를 기사화, 기술 보도는 "사실로 확인된 기술만 다룬다."는 원칙을 유지해야 한다.

2) 정책 보도

정부의 결정·규제·제도 변화가 기술과 산업에 미치는 영향을 다루는 보도이다.

- 정책 보도의 핵심 질문
  - 법적 근거는 무엇인가?
  - 시행 시기는 의무인지 권고인지?
  - 기업 비용·산업 구조에 어떤 영향을 주는가?
  - 이용자에게 어떤 변화가 생기는가?

정책 보도는 "기술적 이해 + 법·규제 이해"가 결합되어야 한다.

3) 산업 보도

기업의 전략·매출·투자·경쟁 구도를 중심으로 다루는 기사다.

- 산업 보도의 핵심 질문

- 어떤 시장에서 경쟁하고 있는가?

- 매출·CAPEX·손익과 연결되는가?

- 경쟁사 대비 경쟁력은?

- 공급망·생산능력·전력·상면 등 물리적 제약은 무엇인가?

- 규제 변화로 산업이 어떻게 바뀌는가?

산업 보도는 기술보다 기업의 행동·수치·전략이 중심이다.

3. 테크부 보도 원칙

테크부는 테크 산업의 영향력이 국가 경제·안보·정책과 깊이 연결되어 있다는 점에서 일반적인 기술 소개와는 다른 엄격한 내부 보도 원칙이 요구된다.

아래 원칙은 모든 테크 기사 작성의 기준이 된다.

1) 검증되지 않은 기술 정보는 기사에서 배제한다

기업 발표의 기능·성능 중 "현장 시연 없음", "테스트 조건 없음", "데이터 불명확" 등은 기사 문장에 사용할 수 없다. 로드맵·계획·비전은 "계획"으로만 표기.

2) PR 문구는 기자 문장에서 자제한다.

"세계 최초", "혁신적", "독자 기술"

→ 기업 발표 인용문에서만 허용. 기자 서술에서는 반드시 수치·비교·
근거로 교정해야 한다.

3) 기술의 장점뿐 아니라 한계·부작용도 함께 서술한다

테크 기사는 균형이 핵심이다.

- AI → 성능 향상 vs 비용·전력·오류
- 통신 → 속도 향상 vs 실사용자 품질
- 바이오 → 임상 성공 vs 부작용·규제
- 우주 → 발사 성공 vs 페이로드 제한·안전성

4) 모든 기술은 '이해관계'를 중심으로 설명한다

기술은 기업·정부·소비자·산업 전체의 이해관계가 얽혀 있다. 보도
시 반드시 아래 세 축을 확인해야 한다.

- 기업: 전략·매출·비용
- 정부: 규제·정책
- 이용자: 품질·요금·안전성

5) 데이터 기반 보도 원칙을 따른다

매출·이익·CAPEX/GPU 수량/전력 사용량/임상 지표/통신 품질 지표 → 수치 없이 기술을 설명하는 기사는 테크 기사로 인정되지 않는다.

6) 추측·전망·예단 금지

뉴스의 기본 원칙인 "사실 기반 보도"를 테크부 기사에서도 그대로 적용한다.

기사에서 허용되는 '미래 정보'는 이미 발표된 일정이나 공식적으로 제시된 지표(예: "내년 3월 공개 예정 결과") 등이다.

7) 기술·정책·산업 세 가지 관점 중 두 개 이상을 포함한다

- 예: AI 모델 발표 → 기술+산업
- 전파 재할당 → 정책+산업
- 우주 발사 → 기술+정책
- 바이오 임상 → 기술+정책

관점이 하나뿐이면 기사 깊이가 부족해지기 때문이다.

8) 이해 상충 차단

- 특정 기업의 PR 포지션을 반복하는 문장 금지

- 기술적 제한을 누락한 홍보성 보도 금지
- 인용문은 최소 2개 이상 이해관계로 교차 구성(기업·정부·전문가·소비자)

9) 전문용어는 원어와 함께 제공하되 독자 언어로 풀어쓴다

- 예: HBM → "AI 서버용 초고속 메모리"

  SA → "5G를 처음부터 끝까지 사용하는 방식"

  CAR-T → "면역세포를 변형해 암을 공격하게 만드는 치료법"

10) 테크부 기사의 최종 목표는 "독자의 이해"

기술 자체를 아는 것보다 기술이 만든 변화를 더 중시한다. 즉 테크 저널리즘은 기술의 의미, 산업의 변화, 정책의 방향, 이용자의 영향을 설명하는 데 있다.

2장

테크 기사의
기본 구조

1. 테크 기사에서 '팩트(Fact)'란 무엇인가

　테크 분야는 기술 용어·기업 발표·미래 계획이 난무하기 때문에 "팩트"의 기준을 명확히 잡지 않으면 기사가 곧바로 PR·해설·예측 글로 변한다.

　테크부에서 정의하는 '팩트'는 다음과 같다.

1) 공식 문서·기업 공시로 확인된 정보

- 금융감독원 전자공시(DART)
- 정부 고시·규제안(과기정통부·방미통위·식약처 등)
- 기업 IR·주주총회 자료

문서로 남는 정보이므로 허위 가능성이 낮고, 수치·기능·조건이 명확히 기재되어 있다.

2) 실제로 측정된 기술 데이터

특히 테크 기사에서 가장 중요한 '팩트'는 측정 가능한 수치이다.

- 예: AI 모델 성능 벤치마크, GPU·HBM 사양, 네트워크 속도·지연 (Latency), 데이터센터 전력 사용량, 임상 지표(ORR, PFS, OS), 위성·발사체 추력·페이로드, 배터리 수명·효율

테스트 조건을 모르면 그 수치는 팩트가 아니다.

3) 교차 검증 가능한 현장정보

- 동일 현상을 복수 소스에서 확인
- 업계2곳 이상이 동일한 경향을 언급
- 내부 제보도 교차 검증되면 '팩트'로 사용할 수 있음
- 예: "GPU 전력 부족으로 DC 증설이 지연되고 있다"→ 통신사·클라우드·업계 분석 보고서 2곳 이상이 언급할 경우 '팩트'

4) 실제 발생한 사건·사고 기록

- 해킹 사고 보고서

- 서비스 장애 기록
- 발사 성공 여부
- 식약처 승인·중단·조건부 허가 등

이 영역은 '발생 여부' 자체가 팩트이며, 해석은 별도로 다뤄야 한다. 테크 기사에서 가장 위험한 정보는 "미구현 기능을 이미 구현된 것처럼 보도하는 것"이다.

이런 오류는 90%가 기업 홍보자료에서 발생한다.

2. 테크 기사 리드(Lead) 쓰는 법

리드에서 가장 중요한 것은 기술 용어를 되도록 넣지 않는 것이다. 테크 리드는 '기술 설명'이 아니라 '이슈의 본질'을 제일 먼저 보여 줘야 한다.

테크 리드 공식(4문장 구조)

1) 지금 벌어진 현상

사건·발표·데이터 변화·규제 등 → 독자가 "왜 읽어야 하는지" 바로 이해하게 한다.

2) 원인

기술·시장·정책 중 어디에서 비롯됐는가?

3) 근거 데이터

전년 대비 증가율, GPU 수량, 전력 사용량, 벤치마크 점수 등 → 리드에서 반드시 '하나 이상의 숫자'를 넣는다.

4) 의미

산업·정책·이용자에 어떤 영향을 만드는가. → 전망·추측 금지, 이미 드러난 변화만 서술.

- 예시: "AI 서버 수요가 급증하면서 올해 상반기 국내 데이터센터 전력 사용량이 전년 대비 18% 증가한 것으로 나타났다. GPU 확보 경쟁이 전력·상면 부족으로 이어지며 클라우드 기업의 신규 투자 일정도 지연되고 있다. 업계는 전력 인프라 부족이 AI 확산에 가장 큰 병목으로 떠올랐다고 설명한다."
  → 전력 수요 증가
    - 원인: AI 서버 증가
    - 데이터: +18%
    - 의미: 전력 병목 → 산업 영향

리드에 맞지 않는 요소

- "혁신을 예고한다"
- "세계 최초", "비약적 향상" 등 PR성 단어
- 기술 전문 용어(HBM TSV 등)
- 과장된 전망("새 시대를 열 것")

3. 데이터 기반 기사 작성 원칙

테크 기사는 '데이터 기사'이다. 기자는 단순한 기술소개가 아니라, 증거 기반 보도를 해야 한다.

1) 모든 문단에 "수치 또는 근거"가 포함되어야 한다

테크 기사에서 수치 없는 문단은 존재할 수 없다. 반도체·통신·AI·바이오·우주는 모두 '숫자로 말하는 산업'이기 때문이다.

- 예
  - AI 모델: 파라미터·벤치마크
  - HBM: 층수·대역폭
  - 통신: 속도·커버리지·지연시간
  - 우주: 추력·궤도

- 바이오: 임상 수치

2) 상대적 비교가 없는 숫자는 의미가 없다

- 예: "GPU 5천 대 도입"은 → 어느 기업 대비 많은가, 작년 대비 몇 % 증가인가, 증설의 의미는 무엇인가?, 이처럼 비교가 있어야 기사 가치가 생긴다.

3) 모든 숫자에는 반드시 '조건'이 따라야 한다

- 예: "AI 정확도 92%" → 어떤 데이터셋, 어떤 테스트 환경경쟁 모델 대비?, 이런 조건 없이 정확도를 기사화하면 PR이 된다.

4) 데이터는 '인용'이 아니라 '해석'해야 한다

- 인용: "데이터센터 전력 사용량이 18% 증가했다."
- 해석: "이는 GPU 기반 AI 서버 비중이 확대된 데 따른 현상이다." 이처럼 테크 기자는 데이터와 '이유'를 연결해 줘야 한다.

5) 숫자 없는 기술 기사는 사실상 '기술 소개서'

테크부는 기술 홍보·광고 형태의 기사화를 자제한다. 따라서 수치· 지표·비교·한계가 없는 기사는 원칙적으로 작성하지 않는다.

4. PR성 문장 거르는 체크리스트

기업 발표·스타트업 보도·기술 행사에서는 PR성 문구가 넘친다. 기자는 이를 걸러내고 객관적 문장으로 재구성해야 한다.

PR 문구 필터링 체크리스트
1) "세계 최초·세계 최고"

→ 기준·출처 없으면 삭제, 필요할 경우 "기업은 …이라고 주장했다"로 처리

2) "독자 기술 개발"

→ 특허·기술 구조 근거 있는지 확인

3) "성능이 획기적으로 향상됐다"

→ % 수치 또는 벤치마크 없으면 금지

4) "혁신적 기술"

→ 기자 문장에서 사용 자제/기업 인용문으로만 존재 가능

5) "비약적 발전·새 시대"

→ 전망성 문구 삭제

6) "초거대 AI"

→ 파라미터·데이터 범위 제시되어야만 사용 가능

7) "업계 최고 수준"

→ 비교 기준·대상 명시 없으면 자제

8) "업계 전반의 기대"

→ 혼합 인용 금지/최소 2개 이상 실명·기관 필요

9) "기술적으로 완성됐다"

→ 테스트 환경·조건 확인 필요

PR 문장을 팩트 문장으로 바꾸는 예시

1) PR 문장

"우리 AI 모델은 세계 최고 수준의 정확도를 자랑한다."

2) 수정된 기사 문장

"회사 측은 자사 모델이 MMLU 벤치마크에서 86점을 기록해 기존 모델 대비 4점 높았다고 주장했다. 실제 서비스 적용 가능 여부는 공개되지 않았다."

3) PR 문장

"당사의 발사체는 세계 최초로 신기술을 적용했다."

4) 수정

"이번 발사체는 기존 액체엔진 대신 하이브리드 엔진을 적용했다. 이 방식은 연료 안정성과 비용을 낮출 수 있다는 점이 특징이다."

3장

기술 이해의 기본기

1. 기술 백서·보고서 읽기

백서(White Paper), 기술 보고서, 기관 연구보고서는 테크기사의 가장 중요한 1차 자료다.

하지만 홍보·과장이 섞여 있는 경우가 많아, 기자는 "취재용으로 믿을 부분"과 "걸러야 할 부분"을 명확히 구분해야 한다.

1) 백서·보고서에서 '사실'로 인정되는 것

- 구조
  시스템 구성, 모듈·엔진·알고리즘 구조, 데이터 흐름 → 기술적 개념을 설명할 때 가장 가치 있는 정보.
- 테스트 조건

GPU 종류·수량, 메모리·HBM 구성, 네트워크 환경, 임상 설계 (바이오) → 조건이 없는 성능 수치는 기사로 쓸 수 없다.

- 수치

벤치마크 점수, 속도, 지연, 임상지표(PFS, ORR, OS), 추력·궤도·페이로드(우주항공)

→ 기사에서는 반드시 조건 + 비교 대상과 함께 써야 한다.

- 표준·정의·범위

예: SA(단독모드) 정의, HBM 층수 및 대역폭, 데이터센터 전력 용량 기준 → 이러한 기본정의는 기술 기사에서 정확성을 높여준다.

2) 백서에서 '주의해야 하는 정보'

- "혁신·획기적·세계 최초"

→ 기술적 근거 부족. 인용문일 때만 허용.

- 로드맵

→ 아직 구현되지 않은 기능은 "계획"으로만 표기.

- '사회 영향'에 대한 기업의 주관적 해석

→ "생산성을 획기적으로 높일 것" 등 주관 표현은 그대로 쓰지 않는다.

- 경쟁사 대비 우수성 주장

→ 반드시 벤치마크·데이터로 교차 확인 필요.

3) 기관 보고서 읽기(정부·NIST·KISA·OECD 등)

기관 보고서의 강점은 수치·정책 분석·사건 데이터다.

- 표·그래프
  통신 품질, 데이터센터 전력, 해킹 사고 통계, 연구개발(R&D) 예산
  → 기사 핵심이 되는 데이터의 70%는 표·그래프에서 나온다.
- 정책·규제 설명
  법령 근거, 시행 일정, 기업의무 → 정책 보도에 가장 유용한 자료.
- 기술적 결론
  → "이 기술의 한계는 무엇인가?"가 명시된 경우가 많다.

2. 키노트·기자간담회 정보선별하기

테크 기자가 가장 많이 실수하는 영역이 키노트(컨퍼런스 발표)와
기자간담회 취재다. 이 자리의 50%는 홍보, 30%는 미래 계획, 20%만
이 진짜 사실이다. 기자는 이 20%를 정확히 골라내야 한다.

1) 키노트 발표에서 '믿을 수 있는 정보'

- 실제 시연
  영상이 아니라 실물 시연, 동일 조건반복 가능 여부 → 시연이 있으

면 기술 구현 여부를 확인한 것으로 볼 수 있다.

- 구체적 수치

  성능 비교 수치(벤치마크), 전력·비용·속도, GPU·서버 구성 →
  표·그래프가 제시된 수치만 '신뢰 가능한 데이터'.

- 출시 일정

  "내달 출시"처럼 확정된 일정, "심사 통과여부"가 확인된 정보 →
  발표자가 명확하게 시점을 밝힌 경우 사용 가능.

- 규제·정책 확정

  정부·기관이 발표회에서 직접 밝힌 내용일 경우만 기사로 사용.

2) '주의해야 할 키노트 정보'

- 로드맵(예정 계획)

  예: "내년에는 ○○ 기능 지원 예정"→"계획"으로만 작성.

- 프리뷰(Preview) 영상

  → 실제 구현 여부 불명. 기사에서 별도 표기 필요.

  예: "시연 영상은 사전 제작된 자료다."

- '미래 가능성' 강조 문구

  예: "AI가 산업을 완전히 바꿀 것이다."→ 근거 없는 전망은 기사
      에서 자제.

- 비교 기준 없는 성능 주장

  예: "기존보다 10배 빠르다"→테스트 조건·비교군 없으면 사용 금지.

3) 기자간담회 정보 선별 기준

간담회는 기업이 '원하는 메시지'를 전달하는 자리다.

기자는 아래 4가지만 추출하면 된다.

- 수치

  매출·트래픽·서버량·전력·출하량 → 기사에서 가장 중요한 근거.
- 기술 구현 여부

  "시연된 기능"과 "말로 설명된 기능" 구분.
- 규제·정책 언급

  정부와 협의 중인지/어떤 규제가 관련되는지/비용 부담 구조가

  어떻게 되는지
- 경쟁 구도

  시장 점유율/고객 확대 여부/경쟁사 대비 차별점

3. 기술·수치·벤치마크 해석의 기본

테크 기사는 기술을 단순 소개하는 글이 아니라 기술 → 수치 → 의미를 연결하는 분석 기사다. 기자는 숫자의 '의미'를 해석할 줄 알아야 한다.

1) 기술 이해: 구조 중심으로 본다

기술의 원리를 100% 이해할 필요는 없다. 기자는 다음 세 요소만 파악하면 충분하다.

- 구조

  모듈·엔진·파이프라인 구성.

  예: "RAG는 검색 모듈과 생성 모델을 결합한 구조다."

- 조건

  성능이 달라지는 상황.

  예: "GPU 수량·네트워크 대역폭·데이터 범위"

- 결과

  속도·정확도·전력·비용 등. 기술 이해 = 구조 + 조건 + 결과

2) 수치 해석: '비교와 조건'을 함께 보라

테크 기사에서 수치만 쓰면 사실상 의미가 없다.

- 비교 기준

  전년 대비, 경쟁사 대비, 이전 세대 대비, 업계 평균 대비

  예: "HBM 출하량 30% 증가" → 전년 대비? 경쟁사 대비?

기사는 반드시 비교 구조를 포함해야 한다.

3) 벤치마크 해석법

벤치마크는 AI·반도체·통신 기사의 핵심이다. 기자는 아래 항목을 반드시 확인해야 한다.

- 벤치마크의 종류
  AI: MMLU, HellaSwag, GSM8K
  반도체: 대역폭, 지연, 전력
  통신: Mbps, 지연(Latency), 커버리지
  바이오: ORR, PFS, OS
  우주: 추력·궤도·비행시간
- 테스트 조건
  GPU 종류, 메모리 여부(HBM), 데이터셋 종류, 네트워크 환경
  → 조건 없이 벤치마크를 기사화하면 '오보' 위험.
- 해석
  벤치마크는 어떤 항목에서, 어떤 조건에서, 어떤 모델·기술 간에 어떤 차이가 있었는가 등이 담겨야 한다.
  예: "MMLU 86점(전 버전 대비 + 장단점")" 이처럼 조건 + 의미가 함께 있어야 기사 가치가 생긴다.

4) 기술의 한계·부작용까지 함께 설명

기술 기사에서 중요한 것은 "장점 50%, 한계 50%"다.

예: AI → 성능 향상 vs 전력 증가·할루시네이션

5G SA → 속도 개선 vs CAPEX 부담

HBM → 속도 증가 vs 적층 난이도·생산성

CAR-T → 효과 높음 vs 부작용·높은 비용

우주 발사 → 성공 vs 페이로드 제약

기자는 '한계'를 설명할 때 기술적 근거를 제시해야 한다.

4장

테크 취재 실전 스킬

1. 기술 행사·데모 취재 요령

기술 발표·키노트·데모 세션은 테크 부문에서 가장 많은 "과장·마케팅·미구현 기능"이 등장하는 공간이다. 기자는 '보여 준 것(시연)'과 '말로만 한 것(발표)'을 엄격히 구분해야 한다.

1) 행사 취재의 체크 포인트

- 시연(Demo)의 실재 여부
  - 실물이 작동했는가?
  - 사전 녹화 영상인가?
  - 발표자가 직접 조작했는가?
  - → 미작동·영상만 제시된 것은 구현 여부 불명.

- 테스트 조건
  - 네트워크(전용망인지 일반망인지)
  - 서버 구성(GPU/HBM 개수)
  - 실내 환경
  - 사전 학습 데이터 여부
  - → 조건 없는 데모는 기사에서 "테스트 조건 비공개"로 표기.
- 성능 수치

  속도, 정확도, 전력, 대역폭/전 버전·경쟁사 대비 비교

  → 수치 없으면 기술의 실체가 없다.
- 출시 일정

  확정된 일정인지/로드맵인지 → 로드맵은 기사에서 반드시 "계획"
  으로 표기.
- 기술 한계

  발열·전력·비용/호환성·데이터 제한 → 기술 발표는 장점만 말
  하기 때문에 기자가 직접 질문해야 한다.

2) 발표장에서 꼭 해야 하는 질문

- "지금 보여 준 데모는 실시간인가요? 사전 녹화인가요?"
- "이 테스트 환경은 실제 서비스 환경과 어떻게 다른가요?"
- "경쟁사 대비 우위의 근거는 무엇인가요? 벤치마크는?"
- "현재 이 방식의 가장 큰 기술적 한계는 무엇인가요?"

- "언제부터 실제 서비스로 제공되나요? 인증은 완료됐나요?"

발표장을 '기업의 홍보장이 아니라 기술 검증 현장'으로 본다.

3) 행사 취재 시 흔한 실수
- 영상·이미지 기반 발표를 실제 시연으로 오해
- 로드맵을 이미 구현된 기술처럼 기사화
- "세계 최초·혁신" 문구를 기자 문장에 그대로 사용
- 기술 용어를 한 문단에 여러 개 삽입
- 발표자 말만 그대로 받아쓰기

2. 엔지니어/연구자 인터뷰 기술

테크 취재의 50%는 연구·개발 담당자 인터뷰에서 깊이가 결정된다. 그러나 엔지니어는 본능적으로 전문적·세부적·추상적으로 말하는 경향이 있다. 기자는 '구조·조건·한계'를 끌어내는 질문을 해야 한다.

1) 엔지니어에게 가장 효과적인 질문
- "이 기술의 구조를 간단히 설명해 주실 수 있나요?"
- "어떤 조건에서 성능이 달라집니까?"

- "성능의 병목은 무엇인가요?"
- "현재 구현된 기능과 계획 중인 기능을 구분해 설명해 주실 수 있나요?"
- "이 기술의 가장 큰 한계나 제약은 무엇입니까?"
- "전력·비용 문제는 어느 정도로 영향을 줍니까?"

이 질문은 엔지니어가 "사실 기반 설명"을 하도록 이끌며 기술의 장점뿐 아니라 현실적 한계를 확인하는 데 유용하다.

2) 기술 인터뷰에서 반드시 체크할 항목

- 테스트 조건(GPU·네트워크·데이터셋)
- 버전 정보
- 구현 vs 계획
- 경쟁사 대비 차이
- 전력·비용·환경 제약
- 실제 적용 사례

3) 신중해야 할 질문

- "이 기술이 혁신인가요?"(주관적)
- "왜 중요한 기술인가요?"(홍보 답변으로 흐름)
- "얼마나 대단한가요?"(과장 유도)

4) 인터뷰에서 얻은 정보를 기사로 변환하는 법

엔지니어의 설명을 그대로 쓰면 독자는 이해하지 못한다. 기자는 핵심 개념을 추출해서 구조·원리·한계를 일반 언어로 전달해야 한다.

- 예: "HBM TSV 구조" → "칩을 여러 층 쌓아 속도를 높이는 방식"
  "RAG 파이프라인" → "검색 기능을 붙여 정확도를 높이는 방법"

3. 규제·법령 취재 프레임

테크 산업은 규제와 밀접한 영역이다. 특히 AI·데이터·보안·통신·바이오·우주는 규제가 산업 경쟁력과 직결된다. 기자는 '기술 → 규제 → 산업 → 이용자'의 4축을 함께 분석해야 한다.

1) 규제 취재의 4단 프레임

- 법적 근거
  법률, 시행령, 시행규칙 및 고시, 행정지침, 권고안 → 법적 구속력이 있는지 여부가 핵심.
- 의무 vs 선택
  예: "5G SA 의무화"는 강제, "AI 윤리 가이드라인"은 권고
- 비용과 부담

기업 CAPEX(투자비), 인프라 업그레이드 비용, 인증·평가 비용

- 영향 대상

산업 구조 변화, 중소·대기업 이해관계 충돌, 이용자 품질·요금·안전성, 시장 경쟁 구도 변화

2) 규제 취재 시 반드시 확인해야 할 것

- 시행 시점 및 적용 대상(대기업·중소·특정 산업군)
- 과거 유사 규제 사례
- 국제 기준과 비교
- 정부 입장 vs 업계 입장의 차이
- 정책 배경(예산·정치·안보 요인)

3) 규제 취재에서 흔한 실수

- 고시·지침(권고)을 '의무'처럼 잘못 해석
- 산업계 비용 부담을 누락
- "정부 관계자에 따르면" 등 불명확한 출처 사용
- 규제 변경의 기술적 영향을 충분히 설명하지 않음

4. 피싱·보안 사고 취재 시 주의사항

해킹·피싱·랜섬웨어는 '정보 부족·기업 축소 발표·기술적 난이도' 때문에 오보 위험이 높은 영역이다. 테크부 기자는 보안 사고에서 다음을 반드시 확인해야 한다.

1) 사고 타임라인

가장 중요한 정보는 '언제 무엇이 감지됐는가'다.

- 최초 탐지 시각
- 기업 내부인지 시각
- KISA·경찰 신고 시각
- 추가유출 확인 시각
  → 시간순서가 정리되지 않으면 기사 신뢰도가 무너진다.

2) 공격 방식

APT·스피어피싱·제로데이·계정 탈취 등 → 공격 방식은 전문가·기업 보고서로 교차 검증.

3) 유출 범위

- 이름·생년월일

- 비밀번호 암호화 여부
- 계정·내부 문서
- 지갑 키·인증서 여부
  → 기사에 과장 없이 구체적 항목만 기재.

4) 단정적 표현 금지

보안 전문성이 높은 영역이기 때문에 "북한 소행" "라자루스 소행" 등 단정은 금지. → "정부·보안업계는 ○○ 가능성이 높다고 보고 있다" 방식으로 작성.

5) 보안 사고 취재에서 흔한 함정

- 기업의 '최초 발표'만 믿고 기사 작성
- 유출 규모를 확정처럼 표현
- 보안 기술용어(백도어·C2 서버 등) 오용
- 며칠 뒤 업데이트된 규모·타임라인을 반영하지 않음

5. 글로벌 기업 취재

구글·애플·메타·MS·엔비디아 등 글로벌 기업은 취재 방식이 국내 기업과 다르다.

한국 PR은 절차적·정보적 제약이 많기 때문에 기자는 문서 기반 취재 + 본사 자료 분석을 우선해야 한다.

1) 글로벌 기업 정보 소스신뢰도 순위

- 1위: SEC 공시

  매출·전략·위험요소 명확. 추상적 형용사가 거의 없음 → 가장 신뢰도 높은 자료

- 2위: 개발자 문서·기술 백서

  제품 구조·API·벤치마크가 상세 → 기술 관련기사에서 가장 중요한 근거

- 3위: 공식 블로그·엔지니어 글

  기술적 설명 풍부, 비교적 과장 적음

- 4위: 콘퍼런스 키노트

  시연 여부에 따라 신뢰도 달라짐

- 5위: 한국 PR팀 자료·보도자료

  번역·요약·선별된 정보 → 사실 확인 필요

2) 글로벌 기업 문의 절차

글로벌 기업은 정형화된 문의 절차를 갖는다.

- PR팀 이메일 제출

- 구체적 질문 3~5개
- 자료 출처 요청
- 본사 검토
- 기술 질문일 경우 엔지니어 확인 후 답변
- 응답 지연 대비 자료 기반 기사로 먼저 작성
- 필요하면 업데이트 기사로 후속 보도
- 해외 발표 시각 차이 고려
- 미국·유럽 발표는 한국 시간 새벽 발생
- 시차 확인 후 신속 대응 필요

3) 글로벌 기업 취재에서 확인해야 할 것

- 벤치마크 자료의 출처(Google, OpenAI, Meta 등 자체 테스트인지)
- 데이터셋 정보(오픈 vs 폐쇄)
- 제품 출시 국가 리스트
- 개인정보·보안 정책
- API 호출 방식·제약
- 경쟁사 대비 차이(AWS vs Naver Cloud)

4) 글로벌 취재에서 흔한 실수

- 로드맵을 "확정 기능"처럼 오해
- 개발자 문서의 기술용어를 그대로 기사화

- SEC 공시가 말하는 '위험요소'를 기사에 반영하지 않음
- 미국 본사와 한국 PR 메시지가 다른데도 교차 검증하지 않음

2부

분야별 핵심
개념 사전

1장

AI·데이터·클라우드

1. AI·LLM 핵심 용어

① LLM(Large Language Model): 대규모 텍스트 데이터를 학습해 언어를 이해·생성하는 모델.

② Transformer: 현재 AI 모델의 표준 구조. 문맥을 파악하는 Attention 구조가 핵심.

③ RNN: 순차 데이터를 처리하는 과거 방식. LLM 이전의 주류모델.

④ Attention: 문장의 중요한 부분에 "집중"하도록 만드는 핵심 알고리즘.

⑤ Self-Attention: 문장 내 단어들끼리 상호 연관성을 파악하는 구조.

⑥ Token: 문장을 모델이 처리할 수 있는 최소 단위로 자른 형태(조각).

⑦ Tokenizer: 문장을 Token 단위로 분해하는 과정.

⑧ Parameter(파라미터): 모델의 '뇌 용량'과 역할 하는 숫자. 규모의
지표.

⑨ Embedding: 단어·문장을 숫자 벡터 공간에 표현하는 방식.

⑩ Fine-tuning: 기존 AI 모델을 특정 영역에서 추가로 학습시키는
과정.

⑪ Instruction-tuning: 사람 지시를 이해하도록 추가 튜닝 하는 과정.

⑫ Reinforcement Learning from Human Feedback(RLHF): 사람의 평가·
피드백을 반영해 모델을 안정화하는 과정.

⑬ Pre-training: 대규모 데이터를 이용한 AI 모델의 초기 학습 단계.

⑭ Training(학습): 학습 전체 과정. GPU·전력·시간을 가장 많이
사용.

⑮ Inference(추론): 학습된 모델이 실제로 답변·생성 작업을 수행하는
단계.

⑯ Benchmark AI: 성능을 비교하는 시험. (MMLU, GSM8K, HellaSwag
등)

⑰ Perplexity: 모델의 언어 예측 능력을 평가하는 지표.

⑱ Hallucination: AI가 그럴듯한 허위 정보를 생성하는 오류.

⑲ Context Window: AI가 한 번에 인식할 수 있는 문장의 길이.

⑳ Latency: 추론 속도. 서비스 품질을 결정.

㉑ Throughput: 초당 처리량. 서버 효율과 직결.

㉒ Prompt: AI에게 주는 지시문.

㉓ Prompt Engineering: AI가 원하는 응답을 생성하도록 설계하는 기술.

㉔ API: AI 기능을 외부 애플리케이션에서 활용할 수 있도록 제공하는 인터페이스.

㉕ Vector DB: RAG 구현에 필수적인 벡터 기반 검색 데이터베이스.

㉖ RAG: 검색 기능을 결합해 최신 정보·정확성을 높이는 AI 구조.

㉗ Agent: AI가 계획 → 도구 사용 → 작업 실행까지 자동화하는 시스템.

㉘ Multimodal: 텍스트·이미지·음성 등 여러 형태의 데이터를 동시에 이해·생성.

㉙ Synthetic Data: 인공지능이 생성한 가상의 학습데이터.

㉚ Bias(편향): 학습데이터 불균형으로 AI가 특정 방향으로 오판하는 현상.

㉛ Alignment: AI가 사람 가치와 규범에 맞게 작동하도록 만드는 기술.

㉜ LoRA: 경량 튜닝 기법(저비용 Fine-tuning).

㉝ Quantization: 모델을 경량화해 모바일·임베디드에서 구동하도록 하는 기술.

㉞ Distillation: 큰 모델의 지식을 작은 모델로 압축하는 기법.

㉟ Lora Adapter: 특정 기능을 추가로 붙이는 모듈형 튜닝 방식.

㊱ Zero-shot: 학습하지 않은 문제에도 답변 가능한 능력.

㊲ Few-shot: 예시(샘플)를 몇 개 제공해 답변 성능을 높이는 방식.

㊳ Retrieval: 외부 지식을 검색하는 과정.

㊴ Calibration: AI 확신도를 조절하는 안전성 기술.

㊵ Dataset: 모델을 학습시키는 텍스트·이미지·음성 데이터.

㊶ Preprocessing: 데이터를 정제·정렬·품질 개선하는 과정.

㊷ Data Curation: 학습데이터의 품질·범위를 설계하는 작업.

㊸ GPU: AI 연산 엔진. 엔비디아 H100·B100이 표준.

㊹ TPU: 구글이 개발한 AI 특화 반도체.

㊺ HBM: AI 연산 속도를 결정하는 초고속 메모리.

㊻ Memory Bandwidth: GPU-HBM 간 데이터 이동 속도.

㊼ Model Size: 파라미터 수 기준 모델 규모.

㊽ Service Latency: 서비스에서 실제 체감 속도.

㊾ Model Architecture: 모델 내부의 구성 방식.

㊿ API Rate Limits: 서비스 API 호출 제한.

2. 인공지능 모델 구조(LLM·RNN·Transformer)

① RNN(Recurrent Neural Network)
  • 순차 데이터를 처리

- 장기 문맥 파악에 약함
- 현재 주류 모델 아님

② Transformer

현대 AI의 핵심 구조.

- 특징: 병렬 처리, Self-Attention 기반, 긴 문맥 처리 가능, 모든 최신 LLM의 기반
- 기자는 "모델 크기(파라미터)·데이터셋·튜닝 방식"을 기준으로 모델을 비교해야 한다.

3. 학습·추론·튜닝 기본 개념

1) 학습

AI가 데이터를 보고 패턴을 '배우는' 단계.

- 구성 요소

  학습 데이터, GPU·HBM, 최적화 알고리즘, 전력·시간

- 특징

  AI 비용의 60~80%를 차지. 기업 실적·데이터센터 투자와 바로 연결된다.

2) 추론

서비스 단계에서 AI가 실제로 응답을 생성하는 과정.

- 핵심 요소

  Latency(지연), Throughput(처리량), GPU 사용량, 컨텍스트 길이
- 기자 시각

  추론 성능이 낮으면 실제 서비스 품질이 떨어진다. 카카오, 네이버, 구글의 서비스 품질 이슈와 직결.

3) 튜닝

기존 모델에 "특정 업무 능력"을 추가하는 과정.

- 종류: Domain Fine-tuning(의료·법률), Instruction-tuning(지시문 이해), LoRA(저비용 튜닝)
- 기자 시각: 튜닝은 '분야 특화 모델'을 만드는 핵심 방식이며 국내 기업(네이버·카카오)이 강점을 보이는 영역이다.

4. 데이터센터·전력·GPU 구조

1) 데이터센터(DC)

AI·클라우드 기반의 물리 인프라.

- 구성 요소

  서버 상면(Floor Space), 전력, 냉각, 네트워크(Backbone), 보안·접근 통제
- 기자 시각

  AI 확산의 가장 큰 병목은 전력·상면 부족이다.

2) GPU 구조

- 주요 구성

  CUDA Core, Tensor Core, HBM, NVLink
- 성능 지표

  FP8·FP16 처리량, 메모리 대역폭, TDP(전력 설계)
- 기자 시각

  GPU 공급난 → AI 서비스 지연 → 산업구조 변화 흐름을 이해해야 한다.

3) 전력 구조

AI 서버는 대규모 전력을 소비한다.

- 전력 병목 요소

  수전 용량 부족, 변전 설비, 냉각 부하 증가

- 기사에서 주로 등장

  "전력 부족으로 데이터센터 증설 지연", "GPU 26만 장 확보했지만 전력·상면 제한"

RAG·에이전트·API 이해

1) RAG(Retrieval-Augmented Generation)

- 구조

  검색, 생성

- 장점

  최신 정보 활용, 할루시네이션 감소, 기업내부 데이터 활용 가능

- 기자 시각

  RAG 도입은 정확성 향상 보도에서 핵심 키워드.

2) 에이전트(Agent)

- 개념

  AI가 목표 결정, 계획 수립, 도구 사용(검색·메일·API), 작업 수행

까지 자동화하는 구조.

- 활용

  고객센터 자동화, AI 비서, 예약·결제 자동 처리

- 기자 시각

  AI의 "활용 단계 진입" 신호로서 산업 기사에서 매우 중요.

3) API

외부 서비스에서 AI 모델을 부를 수 있게 만드는 인터페이스.

- 기자 시각

  기업의 AI 전략은 대부분 API 확장 여부로 판단가능. API 가격 =
  AI 산업 비용 경쟁의 핵심변동 요인

5. AI 윤리·안전성 기준

1) 편향

AI가 특정 성별·인종·계층에 불공정한 결과를 내는 현상.

- 원인

  학습데이터 불균형, 튜닝 오류, 문화·언어적 편향

2) 개인정보

AI 서비스는 개인정보 유출 위험을 수반한다.

- 기자 체크 포인트

  데이터 익명화 여부, 로그 저장 정책, API 사용에서 개인 정보가
  모델에 포함되는지 여부

3) 안전성

AI가 위험한 내용을 생성하지 않도록 제어하는 기술.

- 요소

  유해 콘텐츠 차단, 폭력·정치 조작 방지, 모델 출력 검증

4) 견고성

AI가 악의적 공격에도 안정적으로 동작하는 능력.

- 대표 취약점

  Prompt Injection, Model Stealing, Jailbreak

- 기자 시각

  AI 안전성은 '기술 + 정책 + 규제' 기사 핵심 연결지점.

2장

반도체·HW 인프라

1. 반도체 기본 구조(노드·공정·HBM)

1) 반도체의 최소 단위: 트랜지스터

　스위치 역할을 담당하는 전자 부품. 성능의 핵심은 얼마나 많이·빠르게 배치할 수 있는가다.

2) 노드(Node)의 의미

　노드는 반도체 공정의 '세밀도' 수준.

- 현재 산업에서의 실제 의미

　　"3nm, 5nm"는 물리적 길이를 의미하지 않는다. 파운드리·기업별 브랜드 지표 수준이다. 노드 숫자가 낮을수록 공정이 미세하고 성능·전력 효율이 올라간다.

- 기자 포인트

"3nm 공정"이라는 표현은 "삼성·TSMC가 정의한 3nm 등급" 정도로 이해하는 것이 정확하다.

3) 공정(Process) 단계

반도체 제조는 700~1,000단계 공정으로 구성된다.

- 전공정(Front-end)

웨이퍼 위에 트랜지스터를 형성, EUV 노광 장비가 핵심
- 후공정(Back-end)

패키징·배선 작업, HBM·CoWoS·Foveros 등 첨단 패키징 기술 포함

5) HBM(고대역폭 메모리)

AI·GPU 성능을 결정하는 핵심 메모리.

- 구조
  - DRAM 칩을 8~12단 이상 수직 적층
  - TSV(실리콘 관통 전극)로 내부 연결
  - 초고속 데이터 전송 가능

- 왜 중요

  AI 모델 크기 증가 → 메모리 대역폭이 병목. HBM이 GPU 시대의 가장 중요한 반도체가 된 이유.

- 기자 포인트

  한국(HBM) vs 대만(GPU 패키징) vs 미국(GPU 설계) 구조를 이해하면 기사 구조가 잡힌다.

2. 설계·파운드리·OSAT 생태계

반도체 산업은 크게 설계 → 제조 → 패키징(후공정) 단계로 구분된다.

1) 설계(Fabless, IDM)

- 팹리스(Fabless): 설계만 하는 기업

  예: 엔비디아, 퀄컴, AMD

- IDM(종합반도체): 설계+제조 일괄 수행

  예: 삼성전자 일부, 인텔

- 기자 포인트

  엔비디아는 '팹리스'이므로 생산(파운드리)의 지배력에 영향을 받는다.

2) 파운드리(Foundry)

설계 기업이 맡긴 회로를 실제 웨이퍼로 제조하는 공장.

- 주요 기업

  TSMC(세계 1위, 점유율 60% 이상), 삼성전자, UMC·글로벌파운드리 등
- 핵심 경쟁

  미세공정(EUV 활용), 수율(Yield), 생산능력(Capacity)

3) OSAT(후공정 전문 업체)

패키징·테스트 전문 기업.

- 주요 기업

  ASE(대만), Amkor(미국·한국), JCET(중국)
- 기자 포인트

  AI 시대에는 후공정(OSAT)의 전략적 가치가 폭증함. → HBM 적층·첨단 패키징의 병목이 산업 기사 핵심요소.

3. 팹리스·파운드리 시장 구조

1) 글로벌 시장 구도

- 팹리스 기준

  엔비디아, AMD, 퀄컴, 미디어텍

- 파운드리 기준

  TSMC 60%, 삼성전자 10~15%, 나머지 기업 합산 20% 이하

- 기자 포인트

  "TSMC 의존도"는 글로벌 공급망 구조를 설명하는 핵심 키워드.

2) 왜 TSMC가 강한가

세계 유일의 안정적 3nm·5nm 공정, 높은 수율

고객사 구조: 애플·엔비디아·AMD·퀄컴

- 애플 영향

  애플이 TSMC에 선단 공정비용을 선지급, 공정 개발 비용 분담

  → TSMC 리스크 감소

3) 한국의 구조

- 삼성전자

  - 메모리(HBM·DRAM·NAND) 세계 1~2위

- 파운드리 세계 2위
- 후공정 일부 내재화(플립칩·패키징)
- K하이닉스
  - HBM 최강자
  - 엔비디아에 공급
  - 패키징·TSV 적층 핵심 기술보유

4. 패키징·첨단 공정 기술

첨단 패키징은 공정 미세화가 한계에 도달한 시대의 새 경쟁력으로 볼 수 있다.

1) 패키징 기술의 유형

① Fan-Out 패키징
- 칩 주변에 배선을 넓혀 고성능 구현
- TSMC InFO, 삼성 FO-PLP 등

② 2.5D 패키징(Interposer 기반)
- GPU·HBM을 실리콘 중개기(Interposer)에 올려 연결
- 엔비디아 H100 구조의 핵심
- TSMC CoWoS가 대표 기술

③ 3D 패키징

칩 위에 칩을 수직 적층, 인텔 Foveros, DRAM은 TSV 기반 수직 적층이 표준

- 기자 포인트

AI GPU의 병목은 GPU 자체보다 HBM 패키징이다.

2) CoWoS

현재 AI GPU 시장의 첨단 패키징 표준.

- 특징
  - HBM + GPU 통합
  - 초고속 데이터 통신
  - 대량 생산 어려움
  - → 세계적 공급 부족
- 기자 포인트

"엔비디아 GPU 공급 부족" = "TSMC CoWoS 생산능력 부족" 구조.

3) TSV(Through-Silicon Via)

HBM 적층 기술의 핵심. 실리콘 웨이퍼를 수직으로 관통하는 전극 구조.

- 기자 포인트

  TSV 수율이 낮으면 → HBM 생산량 감소 → 엔비디아 GPU 공급
  에 직접 영향

5. 반도체 글로벌 경쟁지형

1) 미국

- 강점
  - GPU·CPU 설계(엔비디아·AMD·퀄컴)
  - EDA(설계 자동화 툴) 독점(시놉시스·케이던스)
  - 장비(어플라이드머티리얼즈·램리서치)
  - Fabless 생태계 중심
- 약점

  제조력은 TSMC·삼성에 의존

2) 대만

- 강점
  - 압도적 파운드리 TSMC
  - CoWoS 패키징 강자
  - Apple·NVIDIA의 필수 공급망

- 약점

  지정학적 리스크

3) 한국

- 강점

  - HBM 기술력(SK하이닉스)
  - 메모리 생산 역량
  - 삼성 파운드리의 선단 공정 도전
- 약점

  - 파운드리 점유율 확보 어려움
  - OSAT 글로벌 경쟁력 제한적

4) 중국

- 강점

  - 패키징(후공정)
  - D램·낸드 분야 국산화 추진
  - SMIC 통한 7nm급 공정 생산
- 약점

  미국 수출 규제 → GPU·장비·EDA 접근 제한, 선단 공정(EUV)
  접근 불가

5) 일본

- 강점

  재료(포토레지스트·실리콘 웨이퍼), 장비(도쿄일렉트론), HBM
  소재 공급

- 약점

  제조·설계는 글로벌 경쟁에서 후퇴

6) 유럽

- 강점

  ASML(EUV 장비 독점), 자동차용 반도체 강세(NXP·Infineon)

실전 취재 체크리스트

① 기사에서 '공정' 언급 시

"삼성·TSMC 기준의 3nm 등급인지", "EUV 포함 여부", "수율은
어느 수준인지"

② HBM 기사 작성 시

적층 수(8·12단), TSV 수율, GPU와의 결합 방식(CoWoS 여부)

③ 파운드리 기사 시

고객사 변화(애플·엔비디아 비중), 생산능력(Capacity 증가 여부),
수율·전력 효율

④ 중국 관련 기사

장비·EDA 접근 가능 여부, 미국규제 수준, 지정학적 리스크

3장

통신·네트워크·전파 정책

1. 이동통신 세대(3G·LTE·5G·6G) 핵심 이해

1) 3G

- 특징
  - 음성·데이터 통합
  - 최대 수십 Mbps 수준
  - WCDMA·CDMA2000 기반
  - 현재 사실상 종료 단계(재할당 대상)
- 기자 포인트

  3G는 '보편적 서비스 의무'와 연결되는 경우가 많아 규제 기사에서 중요하다.

2) LTE(4G)

- 특징
  - OFDMA 기반
  - 최대 수백 Mbps
  - 5G 이전까지 주력망
  - 2020년대 중반까지 여전히 전국망의 '백본 역할'
- 기자 포인트

  이동통신사가 "LTE 여유 주파수"를 반납·재할당하는 문제는 정책 기사 핵심 이슈다.

3) 5G

- 특징
  - eMBB(초고속)·URLLC(초저지연)·mMTC(대규모 IoT)
  - 최대 수Gbps, NSA(4G+5G 혼용)
  - → SA(5G 단독망) 전환 과제, 3.5㎓·28㎓ 중심
- 한국 현실

  세계 최초 상용화, 하지만 SA 구축 지연, 품질 불만 높은 편
- 기자 포인트

  "KPI는 SA·실내 품질" → 5G 품질 기사에서 핵심으로 등장.

4) 6G

- 특징

  - 2030년대 상용화 예상

  - 테라헤르츠(THz) 대역

  - 초저지연(0.1ms), 초고신뢰, 초정밀 위치 기반 서비스

  - 위성·지상망 융합

- 기자 포인트

  6G는 아직 R&D 단계이므로 기사에서는 표준화 동향·국채 R&D·
  국제 경쟁 중심으로 다뤄야 한다.

2. SA/NSA·백홀·RAN 등 통신망 구조

1) NSA(Non-Standalone, 비단독모드)

LTE 코어망 + 5G 기지국 혼용 구조, 한국 5G의 주력 형태, 비용 절감
가능, 진정한 5G 성능 발휘 어려움

- 기자 포인트

  NSA는 "5G 속도·품질이 기대보다 낮은 이유"의 핵심이다.

2) SA(Standalone, 단독모드)

- 5G 코어망 + 5G 기지국 완전 독립
- 초저지연·고신뢰 구현 가능
- IoT·산업용 5G 필수 구조
- 기자 포인트

  정부가 주파수 재할당 조건에 SA 의무를 넣는 것은 5G 품질 개선 목적이다.

3) RAN(Radio Access Network)

단말기와 기지국 간 무선 연결을 담당하는 망.

- 구성

  기지국(BS), 안테나, DU(분산유닛), CU(중앙유닛)
- 기자 포인트

  Open RAN은 장비 업체 의존도 완화, 비용 절감 이슈와 연결.

4) 백홀(Backhaul)

기지국을 코어망과 연결하는 유선 전송망.

- 종류

  광케이블, 마이크로웨이브, 전용회선

- 기자 포인트

  5G 품질의 진짜 병목은 '무선'보다 백홀 용량 부족이 원인인 경우
  가 많다. (특히 실내 망 품질)

3. 주파수 재할당·경매 체계

1) 주파수 재할당이란

기존에 통신사가 사용하던 주파수의 사용 기간이 끝났을 때 정부가
다시 할당하는 절차.

- 핵심 쟁점
  - 기간(5년·7년·10년)
  - 재할당 대가(수조 원 규모)
  - 의무 조건(SA·실내 구축·품질 기준)
  - "여유 주파수" 반납 여부

2) 주파수 경매제도

정부가 신규 대역을 통신사에 배분할 때 경쟁 입찰 방식으로 진행.

- 고려 요소

- 대역폭(넓을수록 용량 ↑)

- 주파수 위치(저대역 vs 중대역 vs 고대역)

- 혼간섭

- 최소입찰가

- 의무 투자 조건

3) 저대역·중대역·고대역 차이

- 저대역(700~900MHz): 도달거리 높음, 건물 침투 강함, 음영 지역 해소, 속도는 낮음

- 중대역(3.5GHz 등): 5G의 주력, 속도·도달 거리 균형

- 고대역(28GHz 등): 초고속, 도달거리 짧음, 기지국 구축 난이도 ↑

- 기자 포인트

  "28GHz 5G 사실상 실패" 기사에서 자주 등장하는 구조.

4. 통신 품질 지표·측정 기준

1) 주요 품질 지표

- 다운로드 속도: 실제 체감 속도에 가장 큰 영향.

- 업로드 속도: 영상 업로드·IoT·원격제어에 중요.

- 지연시간(Latency)

5G → 10ms 미만 목표

SA → 1ms까지 기대(한국은 미구현)

- 실내 품질: 전체 트래픽의 80% 이상이 실내에서 발생.
- 커버리지: 기지국 밀도·음영 지역 정도.

2) 과기정통부 품질 평가 기준

- 측정 요소

  인구밀집지역, 지하철, 고속도로, 실내 시설, 데이터 성공률/평균
  속도
- 기자 포인트

  통신사는 항상 "우리 품질 더 나아졌다"고 주장한다. 그러나 실제
  이용자 품질은 실내·백홀·NSA 구조 때문에 차이가 난다.

3) 속도 측정 시 주의

- 기종에 따라 속도 차이 발생
- 같은 기지국에서도 시간대에 따라 변화
- SA vs NSA 여부 중요
- 백홀 병목 문제는 눈에 드러나지 않음

5. 데이터 트래픽·망중립성 구조

1) 데이터 트래픽 증가 구조

트래픽의 70% 이상이 동영상·스트리밍에서 발생한다.

- 최근 급증 요인

  AI·LLM 서비스, 클라우드 게임, UHD 영상, IoT 확산, 재택근무
  증가

- 기자 포인트

  통신사는 트래픽 증가를 근거로 "비용 부담 증가"를 주장한다. 그
  러나 실제로는 망 고도화 투자부족도 중요한 원인이다.

2) 망중립성

인터넷 사업자(ISP)가 특정 서비스·콘텐츠에 차별 없이 데이터를 전
달해야 한다는 원칙.

- 핵심 원칙

  차단 금지, 속도 제한 금지, 차별적 요금 금지

3) 망 사용료 논쟁

주로 글로벌 콘텐츠 사업자(넷플릭스) vs 통신사 갈등구조.

- 통신사 논리

  트래픽 폭증으로 망 투자 부담 증가, 고품질 영상 서비스가 부담을
  가중
- 콘텐츠 공룡 논리

  망 사업자는 이미 데이터 요금을 통해 수익 확보, 망 사용료는 이중
  과금, 해외 사례 대부분 부정적
- 기자 포인트

  "망중립성"은 단순 기술 용어가 아니라 법·정책·비용·사업자 갈등
  이 얽힌 이슈.

실전 취재 체크리스트

1) 이동통신 기사 작성 시

  A vs NSA 여부, 백홀 용량, 실내 품질 지표, 측정 기준 명시 여부, 부처
공식 자료(국회·과기부) 근거 확인

2) 주파수 정책 기사 작성 시

  재할당 조건, 대가 산정 근거, 여유 주파수 반납 여부, 의무 구축지역
(실내·지하철)

3) 망중립성 기사 작성 시

해외 사례 비교, 비용 구조분석(CAPEX·OPEX), 통신사·플랫폼 논리 균형 있게 제시

4장

보안·사이버·해킹

1. APT·라자루스 공격 방식

APT와 라자루스는 한국의 사이버 보도에서 가장 많이 등장하는 용어다. 기자는 기술적 근거를 기반으로 보도해야 하며, 기업 발표만 인용해서는 안 된다.

1) APT(Advanced Persistent Threat)

장기간에 걸쳐 특정 기관·기업을 목표로 하는 정교한 공격.

- 특징
  장기 침투·은밀성, 사회공학 + 악성코드 + 네트워크 침투 결합, 특정 조직(기업·정부) 맞춤형 공격

- 주요 단계

  스피어피싱·계정 탈취, 내부망 이동, 데이터 수집, 데이터 유출
- 기자 포인트

  APT는 "단발성 사고"가 아니라 수개월~수년 축적된 공격 행위라는 점을 반드시 기사에 반영해야 한다.

2) 라자루스(Lazarus)

북한 정찰총국 연계로 알려진 해킹 조직. 한국에서 발생하는 주요 금융·코인·핵심기술 탈취 사건에서 빈번히 등장.

- 주 공격 분야

  가상자산 탈취(업비트 등), 금융기관, 국방·항공·기술 분야. 스피어피싱 기반 계정 취득, 악성문서(HWP 등) 활용
- 기술적 식별 요소(보도 시 중요)

  동일한 악성코드 해시, C2 서버 주소 패턴, 특정 암호화·압축 방식, 안두릴 등 이전공격 그룹과 코드 유사성
- 기자 포인트

  "북한 소행으로 추정된다"는 표현은 기술적 단서 + 보안업체 분석 + 정부 발표가 있을 때만 사용할 수 있다.

2. 스피어피싱·랜섬웨어 구조

1) 스피어피싱(Spear Phishing)

특정 인물·기업을 정밀하게 노리는 피싱 공격.

- 특징
  - 맞춤형 공격(직책·업무·언어 습관 반영)
  - 최근에는 생성형 AI로 한층 정교해짐
  - 악성 문서(HWP, Office), 링크, 계정 탈취 페이지 등 활용
- 국내 특징
  - "HWP 악성 문서"는 한국만의 특수 사례
  - 정부·기업 대상 공격에서 가장 흔함
- 기자 포인트
  메일 형식·문법·파일 이름·보낸 주소 패턴이 공격 단서임을 독자
  에게 설명해야 한다.

2) 랜섬웨어(Ransomware)

시스템 파일을 암호화하고 금전을 요구하는 공격.

- 주요 행위
  내부망 침투, 파일 암호화, 운영 중단(DDoS 병행), 데이터 유출

후 2중 협박

- 기자가 반드시 확인할 항목
  - 암호화된 파일 복구 가능 여부
  - 데이터 유출 여부
  - 공격 그룹(록빗 등)과의 연관성
  - 백업·DR(재해복구) 체계 존재 여부
  - 피해 범위: 서버, PC, 네트워크 전반

3. 국가기반시설 공격 패턴

전력·철도·수자원·의료·통신 등 국가기반시설은 공격 시 사회적 피해가 즉시 발생한다. 기사는 아래 구조를 중심으로 분석해야 한다.

1) OT(Operational Technology) 공격

물리 설비를 제어하는 산업용 네트워크에 대한 공격.

- 패턴
  SCADA 시스템 침입, PLC(공정제어장치) 변조, 원격 제어 신호 교란, 설비 중단 또는 과부하 유발
- 기자 포인트

OT 공격은 IT, 인터넷망이 아닌 시설 내부 네트워크를 노린다. 따라서 피해 규모가 크고 탐지도 어렵다.

2) 공급망(Supply Chain) 공격

SW 업데이트·관리 시스템·계약사 계정을 악용.

- 예시

  관리업체 계정 탈취 → 원청망 접근, SW 업데이트 파일 오염, 유지보수 업체 PC 감염 후 이동
- 기자 포인트

  공급망은 "정상 경로"로 보이기 때문에 탐지 난이도가 매우 높다.

3) 계정 탈취 기반 공격

- 가장 흔하면서도 성공률이 높은 방식
- MFA(2단계 인증) 미적용
- 관리자 계정 탈취
- VPN 계정 판매(다크웹)
- 내부자 계정 악용
- 기자 포인트

  기업 발표 대부분이 "원인 미상"으로 나오지만, 실제로는 계정 탈취가 1순위 원인이다.

4) 물리적 장비 취약점 공격

- 방화벽·VPN 장비의 알려진 취약점
- 패치 미적용
- IoT·카메라 등 노출 디바이스

5) 데이터 유출 + 서비스 중단 복합공격

최근 공격은 다음 패턴을 따른다.

- 데이터 유출
- 암호화(랜섬웨어)
- 서비스 중단
- 금전 요구
- 외부 폭로 사이트 개설

4. 보안사고 분석·팩트체크 방법

보안기사에서 가장 중요한 것은 "사실 기반 기술적 증거"다.

1) 사고 발생 시 반드시 확인해야 하는 10가지

- 최초 인지 시각

- 최초 탐지시스템 종류
- 공격 경로(계정·취약점·USB 등)
- 감염 PC, 서버 수
- 로그 기록(접속·명령어·파일 변조)
- 유출된 데이터 범위
- 외부 유출 흔적(FTP·클라우드·다크웹)
- 복구 가능성
- 백업 체계
- KISA·경찰 신고 시점

2) 기업 발표에서 흔히 생략되는 부분

- 공격 경로
- 관리자 계정 침해 여부
- 내부망 이동 루트
- 유출 범위
- KISA 신고 지연 여부
- 외부 탐지기관이 먼저 인지했는지
- 기자 포인트

  기업은 "서비스 정상화" 위주로 발표한다. 기자는 "침해 원인·유출
  범위·신고 시점"을 확인해야 한다.

3) 기술적 증거(IOC) 기반 확인

보안 기사는 기술·데이터 기반이어야 한다.

- 악성코드 해시
- C2 서버 주소
- 사용된 압축·암호화 방식
- 동일 공격 그룹의 과거 패턴
- 외부 보안사 보고서 교차 검증

4) 오보 방지

사이버 보도는 다른 분야보다 오보 리스크가 크다.

5. 기업 보안 투자 구조(3N·클라우드)

보안 사고의 70%는 "투자 부족(인력·예산·장비)"에서 비롯된다. 기자는 재무자료·공시·투자 구조를 이해해야 한다.

1) 3N(넥슨·넷마블·엔씨소프트) 보안 투자 구조
- 주요 포인트
  - IT기업 대비 보안 투자 비중이 낮은 편

- 클라우드 전환 이후, 계정 관리, API 접근, 내부망 분리 등이 취약점으로 자주 지적
- 기사 작성 시 읽어야 할 자료
  KISA 정보보호 공시, 연간 IT 투자액, 보안 투자 비율, 사고 이후 투자 확대 여부

2) 클라우드 환경 보안 구조

클라우드 보안은 영역별 책임 분리가 핵심이다. AWS·Azure·GCP는 인프라 보안 담당, 기업은 계정·접근권한·데이터 보호 담당

- 주요 취약점
  키 관리 실패, 잘못된 S3 버킷 설정, API 토큰 외부 노출, 보안 그룹 설정 오류, MFA 미적용
- 기자 포인트
  "클라우드 때문에 유출됐다"는 표현은 부정확하다. 대부분은 기업의 계정·권한 설정 문제가 원인이다.

3) 보안 인력·예산 문제

기업 대부분이 다음과 같은 구조적 문제를 안고 있다.

- SOC(보안관제) 인력 부족

- 24시간 관제 부재
- 외주 중심 운영
- AI 기반 탐지 시스템 미도입
- 로그 보존 기간 짧음
- 기자 포인트

  사고가 반복되는 기업은 대부분 투자 대비 트래픽·서비스 규모 증가를 따라가지 못하는 경우가 많다.

실전 취재 체크리스트

1) 해킹·유출 기사

최초 인지 시각, 신고 지연여부, 계정 탈취 여부, 악성코드 해시·C2 패턴, 데이터 유출 범위

2) 국가기반시설 기사

OT망 분리 여부, 공급망 경로 점검, SCADA·PLC 조작 흔적, 반복 패턴여부(전년도 사고 비교)

3) 랜섬웨어 기사

암호화 방식, 백업 유무, 2중 협박 여부, 공격 그룹 공개여부

4) 기업 발표 팩트체크

사고 원인 생략 여부, 유출범위 축소 가능성, 신고 지연, 과기정통부·KISA·경찰 발표와 교차 검증

5장

게임·콘텐츠·플랫폼 백과사전

1. 게임 산업 구조: 개발 → 퍼블리싱 → 배포

게임 산업은 크게 개발 → 퍼블리싱 → 플랫폼 유통 세 단계로 구성된다. 기자는 어느 단계에서 문제가 발생했는지 정확히 구분해야 한다.

1) 개발

게임 콘텐츠를 실제로 만드는 단계.

- 핵심 구성

  기획, 아트(일러스트·3D), 프로그래밍, 서버·네트워크 개발, QA
  (테스트), 라이브 서비스 운영

- 취재 포인트

개발 지연 이슈는 대부분 아트·서버 구조·콘텐츠 기획 변경에서 발생. 라이브 게임은 "출시 후 개발"이 계속되는 구조

2) 퍼블리싱

개발사가 만든 게임을 서비스·마케팅·운영하는 회사.

- 역할
  마케팅, 운영(GM), 고객센터, 아시아·글로벌 확장, 앱마켓 협력, 서버 비용 부담
- 한국 구조
  넥슨·넷마블·엔씨소프트 등 '3N'은 개발+퍼블리싱을 모두 수행하는 구조.
- 기자 포인트
  "게임사 실적"을 분석할 때는 퍼블리싱 매출(수수료 구조)과 해외 매출 비중을 반드시 함께 봐야 한다.

3) 배포

주로 앱마켓(구글플레이·앱스토어)이 담당.

- 수수료 구조
  기본 30%, 중소 개발사 15%, 외부결제 허용 국가에서는 26% 혹은 12%

- 기자 포인트

  앱마켓 수수료는 콘텐츠 기업의 영업이익을 직접 좌우하므로 경제 기사에서 매우 중요하다.

4) 수익 구조

부분유료화(F2P), 패키지 판매, 시즌 패스, 유료확장팩(DLC), 구독형(프리미엄 구독)

"과금 논란"은 과기부·문체부·게임위 규제까지 번질 수 있으므로 팩트(확률·데이터) 기반 기사 작성이 필수.

2. 플랫폼 수익 모델: 광고·인앱·구독 경제학

1) 광고(Ad 기반 모델)

콘텐츠나 플랫폼 이용자 트래픽을 기반으로 광고비 수익을 창출.

- 유형

  디스플레이 광고, 동영상 광고, 검색 광고
- 기자 포인트

  플랫폼 광고 매출은 "경기 민감도"가 가장 큰 변수 → 분기 실적기사에서 핵심.

2) 인앱 결제(In-app Purchase)

앱에서 직접 아이템·콘텐츠를 구매하는 방식.

- 수익 구조

  사용자 결제 → 앱마켓 수수료(30% or 15%) → 플랫폼·개발사 분배,

  게임·웹툰·OTT 등 대부분의 모바일 콘텐츠가 채택

- 기자 포인트

  국내 기업 실적에서 "인앱 매출 비중"은 재무구조 이해의 핵심

  지표.

3) 구독 모델

월간·연간 단위로 콘텐츠를 지속 제공하는 방식.

- 대표 사례

  넷플릭스, 디즈니+, 애플TV+, 멜론·플로, 네이버 프리미엄 콘텐츠

- 장점

  안정적인 반복 매출, 예측 가능성 ↑

- 단점

  콘텐츠 확보 비용 ↑, 구독 해지율 민감

- 기자 포인트

  구독 경쟁의 핵심 변수는 오리지널 IP 확보 비용, 이탈률 변화.

4) 커미션·플랫폼 수수료

네이버·카카오·배달앱·웹툰 플랫폼 등에서 발생.

- 수익 구성

  거래액 기반 수수료, 광고비, 추천·노출 알고리즘 기반 광고(PA, DA)

- 기자 포인트

  플랫폼 규제(공정위·방통위)의 주요 표적은 대부분 수수료·노출 정책의 공정성과 연결된다.

3. 웹툰·OTT·메타버스 핵심 개념

웹툰 산업 구조

1) 웹툰 공급망 구조

- 창작자 → 에이전시 → 플랫폼(네이버·카카오) → 유통. 창작자 단가·정산 방식·콘텐츠 IP 확장 여부가 핵심 변수.

2) 수익 구조

회차 유료보기, 광고 기반 무료보기, IP 확장(드라마·영화·게임), 글로벌 진출(북미·일본)

- 기자 포인트

  웹툰 기사 핵심은 IP 확장성과 글로벌 시장점유율(특히 일본).

OTT(스트리밍 서비스)

1) OTT 비즈니스 모델

구독, 광고 기반(AVOD), 하이브리드 모델(광고+구독)

2) 핵심 비용 구조

오리지널 콘텐츠 제작비, 판권 확보(CPM), 네트워크·CDN 비용,
플랫폼 운영비

- 기자 포인트

  OTT 실적의 가장 큰 변수는 콘텐츠 제작비 대비 구독 증가율.

3) 국내 OTT 경쟁 구도

넷플릭스, 디즈니+, 웨이브, 티빙, 쿠팡플레이(투자 확대)

- 기자 포인트

  국내 OTT는 글로벌 대비 콘텐츠 비용 부담이 크기 때문에 "적자
  폭 축소"가 기사 주요 포인트가 된다.

메타버스

1) 개념

3D 가상공간 + 아바타 + 경제 활동이 결합된 서비스(예: 로블록스, 제페토)

2) 핵심 요소

UGC(사용자 생성 콘텐츠), 경제 시스템(코인·캐시), 크로스플랫폼, 소셜 네트워크 기능, 디지털 아바타

- 기자 포인트

  메타버스는 기술보다 경제 시스템과 플랫폼 수익모델 분석이 핵심.

4. 앱마켓 정책·규제(DMA·국내 제도)

1) DMA(Digital Markets Act, EU 디지털 시장법)

EU가 2024년부터 시행한 플랫폼 규제 체계. 구글·애플 등 "Gatekeeper(시장지배적 사업자)"에 적용.

- 주요 규제

  외부결제 허용 의무, 자체 블랙박스 검색·랭킹 알고리즘 투명화,

번들링 금지, 기본 앱 강제 금지, 앱마켓 개방(사이드로딩 허용)

- 기자 포인트

   DMA는 전 세계적으로 앱마켓 수익모델을 흔드는 핵심 규제.

2) 한국의 인앱결제 강제 금지법

2021년 세계 최초로 제정된 법안.

- 주요 내용

   앱마켓 사업자가 특정 결제방식을 강제할 수 없음, 외부결제 허용, 수수료 합리화 요구 가능

3) 플랫폼 규제 주요 포인트

시장지배력 남용(공정위), 노출 알고리즘·검색 순위, 제휴사·입점 업체에 대한 수수료, 데이터 독점(네이버·구글)

- 기자 포인트

   플랫폼 보도에서 규제는 "경쟁 제한 여부"와 "소비자 피해" 두 축으로 판단해야 한다.

실전 취재 체크리스트

1) 게임 기사

개발 vs 퍼블리싱 vs 배포 어느 단계 이슈인지, 앱마켓 수수료 변화 여부, 해외 매출비중, 확률형 아이템 데이터 근거 확인, 업데이트·라이브 운영 계획

2) 웹툰 기사

회차 판매 수익 vs 광고 수익, 일본·북미 성과, IP 확장 여부, 작가 정산 구조논란

3) OTT 기사

오리지널 제작비, 가입자 증가 vs 이탈률, 광고 기반 구독(A-VoD) 도입 여부, 글로벌 경쟁심화

4) 플랫폼 정책 기사

DMA와 국내 인앱결제법 비교, 외부결제 정책 변화, 수수료 개편, 알고리즘 투명성 의무

6장

제약·바이오·헬스케어

1. 약물 기전(MoA)·항체·ADC의 이해

1) MoA(Mechanism of Action, 약물 기전)

약물이 어떤 생물학적 경로를 통해 질병을 치료하는지 설명하는 핵심 개념.

- 구성 요소
  표적, 작용 경로, 약리활성(Pharmacodynamics), 용량·노출(Dose-Exposure)
- 기자 포인트
  신약 발표 기사는 반드시 "약물 기전(MoA)"을 분명히 설명해야 과학적 신뢰도를 확보할 수 있다.

2) 항체치료제(Antibody Therapeutics)

면역 시스템이 질병을 공격하도록 유도하는 치료제.

- 종류

  단일클론항체(mAb), 이중항체(Bispecific), 항체-약물복합체(ADC)
- 장점

  표적 선택성 ↑, 부작용 ↓, 항암·자가면역 질환 등 폭넓은 적용

3) ADC(Antibody-Drug Conjugate)

항체에 강력한 세포독성 약물을 결합한 형태. "표적 항암제 + 화학항암제"의 장점을 결합한 구조.

- 구성

  항체, 링커, 페이로드(항암 화학물질)
- 성공 요소

  표적 정확성, 링커 안정성, 독성 최소화, 종양 선택성
- 기자 포인트

  최근 글로벌 제약사는 ADC 대규모 투자·인수를 진행 중

2. 세포·유전자 치료제(CGT)

1) 세포치료제(Cell Therapy)

손상된 조직을 새로 재생하거나 면역을 조절하는 방식.

- 종류

  CAR-T(환자 T세포를 유전자 조작 후 투여), iPSC 기반 세포치료제,
  NK세포치료제
- 특징

  환자 맞춤형 치료제 증가, 효과 강력하지만 제조비용 높아, 독성
  관리 중요(CRS, 사이토카인 폭풍)
- 기자 포인트

  CAR-T는 심각한 부작용(CRS)을 동반할 수 있으므로 안전성 데
  이터가 기사 핵심.

2) 유전자치료제(Gene Therapy)

- 개념

  환자 유전자 자체를 치환·수정해 근본적으로 치료하는 방식.
- 기술 유형

  AAV(바이럴 벡터), LNP(mRNA를 담는 지질 나노입자)

- 적용

  희귀질환, 유전성 질환, 일부 암 치료
- 기자 포인트

  CRISPR 치료제 허가 여부는 글로벌 바이오 산업의 대전환 포인트.

3. 임상시험 지표: 1상·2상·3상·PFS·ORR·OS

1) 임상시험 단계

- 1상(안전성·내약성)

  건강인 or 환자 소규모, 부작용·최대내약용량 확인, 약동·약력학 (PK, PD)
- 2상(유효성·용량 탐색)

  환자 대상, 효과 평가 시작, 최적 용량 결정
- 3상(대규모 검증)

  다국가·대규모 환자, 기존 치료 대비 효과비교, 승인 심사 기준 충족 여부 판단
- 기자 포인트

  임상은 성공·실패를 단순 나눌 수 없고 중간 데이터 탑라인 결과를 구분해서 보도해야 한다.

2) 핵심 평가 지표

- ORR(Objective Response Rate, 객관적 반응률): 종양이 줄어든 환자 비율.
- PFS(Progression-Free Survival, 무진행 생존기간): 병이 악화되지 않고 유지되는 기간.
- OS(Overall Survival, 전체 생존기간): 환자가 생존한 기간. 가장 결정적 지표.
- DOR(Duration of Response) :반응이 유지된 기간.
- AE, SAE(부작용, 중증 부작용)
- 기자 포인트
  항암 임상 기사에서 OS vs PFS의 차이 설명은 필수다. OS 개선 없이 PFS만 개선된 경우 규제 승인 가능성 ↓

4. 규제기관과 절차(FDA·EMA·식약처)

1) FDA(미국 식품의약국)

세계에서 가장 영향력 있는 규제기관.

- 승인 절차
  IND(임상시험계획 승인), 1·2·3상, NDA. BLA(신약·바이오의

약품 허가 신청), 자문위원회, 허가 결정
- 지정 제도: Fast Track, Breakthrough Therapy, Priority Review, Accelerated Approval
- 기자 포인트

  FDA "Advisory Committee(AdCom) 결과"는 주가·산업에 가장 큰 영향.

2) EMA(유럽의약품청)

유럽연합의 의약품 심사기관.

- 특징

  다국적 임상 기반, 성분·임상 데이터 중복 검증, EMA 승인 → 유럽 전체 판매 가능

3) 식약처(MFDS)

한국 규제기관.

- 특징

  글로벌 주요 규제기관(ICH)과 동등 수준, 신속심사·조건부 승인 확대, 바이오의약품 심사 강화
- 기자 포인트

국내 신약 승인 기사는 대부분 "식약처 조건부 허가", "허가 뒤 시판 후 안전성 평가(PMS)"

내용을 포함해야 한다.

5. CDMO · CRO · CMC 이해

국내 바이오 기사에서 가장 많이 등장하는 용어들은 대부분 CDMO· CRO·CMC이다.

1) CDMO(Contract Development & Manufacturing Organization)

위탁개발·생산 기업.

- 역할
  세포·유전자 치료제 위탁생산, 항체·백신 대량 생산, 배양·정제·충전(Fill & Finish)
- 글로벌 기업
  삼성바이오로직스, 론자(Lonza), 우시바이오(WuXi)
- 기자 포인트
  CDMO는 캡파(Capacity)·수율(Yield)·수주 계약 규모가 기사 핵심.

2) CRO(임상시험수탁기관)

임상시험을 수행하는 전문기관.

- 역할

  임상 디자인, 환자 모집, 데이터 관리, 글로벌 다국가 임상 운영
- 국내 기업

  아이크로스, LSK, 드림씨아이에스 등
- 기자 포인트

  CRO는 "신약 개발 속도"를 결정하는 핵심 파트너.

3) CMC(Chemistry, Manufacturing, and Controls)

제약·바이오 생산 품질관리 시스템.

- 내용

  공정 밸리데이션, 품질 기준(QC), 배지·세포·원료 품질, 제조시설

  기준
- 기자 포인트

  대부분의 바이오 기업 지연 원인은 CMC 임상 생산 실패에 있다.

6. AI 신약개발·우주 제약

AI 신약개발

1) 개념

AI로 후보물질 발굴·약물 구조 예측·독성 분석·임상 설계 등을 자동화.

2) 주요 기술

단백질 구조 예측(AlphaFold), 약물-표적 상호작용(DTI) 모델, 분자생성(AI Drug Generator), ADMET(약물 흡수·분포·대사·독성) 예측, 임상시험 환자층 최적화

3) 글로벌·국내 기업

인실리코 메디슨, 리커전(Recursion), 카이메라테라퓨틱스, 국내: 스탠다임·신테카바이오 등

- 기자 포인트

  AI 신약개발 기사는 "AI → 후보물질 → 전임상 → 임상" 연결 여부가 핵심. AI만 활용했다는 이유로 성과를 과장해선 안 됨.

우주 제약(Space Pharma)

1) 개념

우주 환경(미세중력·방사선)을 활용해 신약·단백질·결정·세포 연구를 수행하는 분야.

2) 미세중력의 장점

고순도 단백질 결정 형성, 세포 성장패턴 변화, 지상에서 어려운 실험 가능

3) 주요 프로젝트

머크(Merck) 항암제 키트루다 결정 연구, 일본·미국의 ISS 의약품 실험, 국내도 누리호 성공 이후 ISS·우주청 프로젝트 확대 가능성

- 기자 포인트

  "우주 제약"은 신약 개발 단계 중. 발견(Discovery)·초기 구조 분석에 강점이 있고 임상·생산 단계까지 영향을 미치는 것은 아니다.

실전 취재 체크리스트

1) 신약·임상 기사

MoA 명확히 기술, 1·2·3상 구분, ORR·PFS·OS 데이터 정확히 인용, 안전성(AE, SAE) 누락 금지, 데이터 출처(학회·논문·공시) 확인

2) 항체·ADC 기사

표적·링커·페이로드 명시, 경쟁약물 대비 차별점, 독성 관리 여부

3) CGT 기사

CAR-T 부작용(CRS) 여부, 제조 공정·리드타임, 병원·CDMO 협업 구조

4) 규제 기사

FDA·EMA·식약처 절차 구분, 신속심사·조건부 승인 여부, AdCom 결과 포함

5) CDMO·CRO·CMC 기사

수주 규모·캐파, 공정 밸리데이션, 공장 증설 현황

6) AI 신약개발 기사

후보물질 실제 전임상 진입 여부, AI 사용 범위(발굴·예측·설계), 과장 표현 배제

7) 우주 제약 기사

실험 단계(기초연구 vs 임상) 구분, ISS·민간 우주기업 협력 여부, 샘플 회수·결과 확보 여부

7장

빅테크
(네이버·카카오·구글·애플·MS 등)

1. 빅테크 생태계 구조: 플랫폼의 '세 겹 구조'

빅테크는 공통적으로 ① 인프라(Infra) → ② 플랫폼(Platform) → ③ 서비스(Service)의 3층 구조로 운영된다.

1) 인프라

클라우드(AWS·Azure·GCP), 데이터센터·네트워크, AI GPU·모델·API, 앱마켓·OS(Android·iOS)

- 기자 포인트
  인프라를 가진 기업은 생태계 '지배력'을 갖는다. 구글·애플·MS가 압도적.

2) 플랫폼

SNS·커뮤니티, 결제 플랫폼, 지도·지도 기반 광고, 스토어(웹툰·음악·동영상), 메신저·커뮤니케이션

특징: 네트워크 효과 형성, 이용자가 많을수록 가치 상승, 알고리즘 기반 추천·노출 구조

3) 서비스

콘텐츠, 쇼핑, 금융, O2O, 배달, 구독경제, OTT, 게임

- 기자 포인트
  서비스의 경쟁력보다 플랫폼 지배력이 더 큰 경우가 많다. "플랫폼 독점 논란"의 핵심

2. 검색·광고 알고리즘의 기본

검색·광고는 빅테크 매출의 핵심이다.
기자는 광고와 검색의 연결 구조를 이해해야 한다.

1) 검색(Search) 구조

- 기본 원리

  크롤링 → 색인(인덱싱) → 알고리즘 점수 → 랭킹, 사용자 의도
  분석, 클릭률·체류시간·키워드 관련성 반영

- 검색 품질 요소

  최신성, 전문성, 신뢰성, 사용자 행동 데이터

2) 광고(Ads) 구조

검색·피드·동영상 등 모든 화면에 광고 삽입.

- 주요 유형

  검색광고(키워드 기반), 디스플레이 광고(배너·이미지), 등영상
  광고, 쇼핑광고(머천트센터), 추천형 광고(피드 기반, AI 알고리즘
  활용)

- 수익 구조

  광고 입찰 → 클릭당 비용(CPC) → 수수료 → 매출

- 기자 포인트

  네이버·구글 실적 기사에서 "검색·쇼핑 광고 매출 감소. 증가"가
  분기 실적의 결정적 지표.

3) 알고리즘(AI Recommender)

콘텐츠·상품·영상을 노출 순서대로 배열하는 핵심 시스템.

- 요소
  클릭률, 과거 행동 패턴, 유사사용자군, 시간 흐름, 스팸,악용 필터링
- 기자 포인트
  알고리즘 이슈는 항상 "투명성·편향성·노출 조작 논란"으로 이어
  진다.

3. SNS·커뮤니티 플랫폼 구조

SNS·커뮤니티는 콘텐츠 확산·정치·여론·광고·상권 활동의 중심 플랫폼이다.

1) SNS 구조

사용자 생성 콘텐츠(UGC), 알고리즘 기반 노출, 친구·구독·팔로우기반, 바이럴 확산, 광고 수익 모델

대표 서비스: 페이스북·인스타그램, 틱톡, X(트위터), 스냅챗, 카카오스토리(한국)

2) 특징

네트워크 효과, 계정 기반 신뢰도, 커뮤니티 확산 속도, '밈(Meme)' 생성, 정치·사회적 영향력

- 기자 포인트
  SNS 기사는 항상 "정책 리스크(규제) + 알고리즘 영향력"이 결합된 구조로 분석해야 한다.

3) 커뮤니티 구조

게시판 중심, 익명성, 특정 관심사 기반, 활동 데이터가 플랫폼 내부에 집중

- 대표 플랫폼: 레딧, 디시인사이드, 카페·카페24, 각종 포럼
- 기자 포인트
  커뮤니티 데이터는 여론조사와 다른 방향을 보일 수 있음. 기사 작성 시 "일부 커뮤니티 반응" 정도로 균형 있게 설명해야 한다.

4. 글로벌 규제: 반독점·데이터·콘텐츠

글로벌 규제 동향은 빅테크 산업의 가장 큰 변수이다.

반독점(Antitrust)

1) 미국

구글 검색 독점 소송, 애플 앱스토어 독점 논란, 메타·인스타·왓츠앱 인수 관련 재조사, 아마존 마켓플레이스 수수료 이슈

2) 유럽

EU는 가장 공격적인 규제 지역.

- 주요 제도

  DMA(Digital Markets Act), DSA(Digital Services Act), GDPR(개인정보보호 규정)

- 규제 대상: 구글, 애플, 메타, 아마존, 마이크로소프트
- 기자 포인트

  DMA는 외부결제·사이드로딩 의무화 등 빅테크 사업모델에 직접 충격.

5. 한국 빅테크 심층 이해(네이버·카카오)

네이버

1) 네이버 생태계

검색, 쇼핑, 광고, 네이버페이, 웹툰·웹소설, 클라우드, AI(NAVER HyperClova), 네이버파이낸셜, 두나무 편입(업비트)

- 기자 포인트

  네이버 핵심 사업은 "검색·쇼핑 광고 + 페이 결제" 구조.

2) 네이버의 강점

검색·쇼핑 지배력, 스마트스토어 통한 SME 생태계, 웹툰 글로벌 1위, 하이퍼클로바X 기반 AI 전략, 글로벌 브랜드(라인·웹툰·스노우)

3) 네이버의 리스크

검색 트래픽 구조 변화, 광고 경기 민감성, AI 기반 검색 전환(Google Gemini·OpenAI), 규제(인앱결제·알고리즘 투명성), 두나무 계열 편입 후 금융규제 확장 가능성

카카오

1) 카카오 생태계

카카오톡(메신저), 포털 Daum, 카카오스토리, 카카오모빌리티, 카카오게임즈, 카카오페이, 카카오엔터(웹툰·K팝·영상), 클라우드·AI

2) 강점

메신저 기반 네트워크, 커머스·광고·콘텐츠 통합, 카카오톡 기반서비스 확장

3) 리스크

데이터 독점 논란, 알고리즘 조작 의혹, 플랫폼 갑질 이슈, 실적 부진, 계열 분리·재편 이슈, 장애 발생 시 사회적 파장 매우 큼

6. 글로벌 빅테크 심층 이해

구글(Google)

1) 사업 구조

검색, 유튜브, 광고(Google Ads), 안드로이드 OS, 구글플레이, 클라우드(GCP), AI(Gemini), 지도·웨이모(자율주행)

2) 강점

검색 인프라, 유튜브 영향력, 세계 최대광고 플랫폼, 안드로이드 생태계 규모, AI 기반 서비스 전환 빠름

3) 리스크

검색 독점 규제, 외부결제 의무화(DMA), 개인정보보호 규제, AI 기반 검색 전환 부담

애플(Apple)

1) 사업 구조

iPhone·Mac·iPad, iOS App Store, 구독 서비스(Apple One), AirPods·Watch, Apple AI·Vision Pro

2) 강점

OS+하드웨어+앱마켓 통합, 충성도 높은 사용자군, 고급 전략, 높은 영업이익률

3) 리스크

DMA로 앱마켓 개방 의무화, EU·미국 반독점 소송, 중국 의존도, 신사업(AR, AI) 성과 불확실성

마이크로소프트(Microsoft)

1) 사업 구조

Azure 클라우드, Office 365, Windows OS, GitHub, LinkedIn, AI (OpenAI 투자)

2) 강점

클라우드 2위, 기업용 소프트웨어 지배력, OpenAI·코파일럿(Copilot) 활용, 게임(Xbox·블리자드) 인수

3) 리스크

AI 경쟁 심화, 반독점 감시 증가, 클라우드 비용 구조, 데이터센터 투자 부담

메타(Meta)

1) 사업 구조

페이스북, 인스타그램, 메신저, 리얼스(Reels), 광고, VR·AR(Quest), 메타버스

2) 강점

세계 최대 SNS 플랫폼, 광고 매출 2위, 리얼스 성장, AI 기반 추천 엔진

3) 리스크

개인정보 보호 규제, 정치·선거 콘텐츠 규제, 메타버스 투자 손실, 틱톡 경쟁

실전 취재 체크리스트
1) 빅테크 실적 기사

광고 매출, 클라우드 성장률, 구독 매출, DAU. MAU, 지역별 성장률

2) 규제 기사

DMA·DSA 영향, 인앱결제, 데이터 국외 이전, 반독점 소송

3) 한국 빅테크 기사

네이버: 검색·쇼핑·페이, 카카오: '톡 생태계' 중심, 서비스 장애·알고리즘 논란·수수료 이슈, 글로벌 사업 확장 여부

4) 플랫폼 기사

알고리즘 투명성, 광고 수익 구조, 이용자 데이터 활용, 노출 조작 의혹 균형보도

8장

우주항공·위성 산업

1. 발사체 구조의 이해

"1단·2단·추력·엔진"을 알아야 로켓 뉴스를 이해할 수 있다

1) 1단·2단 구조

- 1단
  가장 큰 추력을 내는 구간, 대형 엔진 탑재, 연료 대부분 소비, 고도 약 50~70km까지 상승, 로켓전체 '출력' 결정

- 2단
  우주궤도 진입 결정 구간, 정밀한 궤도 삽입(Orbit Injection) 담당, 위성 탑재체(Fairing) 보호·분리

- 기자 포인트
  발사체 성공 여부는 "2단 분리 → 3단 연소 → 궤도 투입"이 좌우한

다. 누리호의 초기 실패도 대부분 "상단부" 문제였다.

2) 추력(Thrust)의 개념

발사체가 중력을 이기고 상승하게 만드는 힘.

- 단위: kN(킬로뉴턴) 또는 톤(t)
- 기자가 알아야 하는 기준

  50톤급: 한국 KSLV-II(누리호) 1단 엔진, 75톤급: 차세대 한국형 발사체 엔진, 230톤급: 스페이스X '랩터', 1,600톤: 스타쉽 전체 추력

3) 엔진 유형

- 액체로켓엔진

  LOX(액체산소) + RP-1(케로신) 또는 메탄, 누리호·아리안5·팔콘9

  장점: 추력 조절 가능, 단점: 복잡·비용↑

- 고체로켓엔진

  연료·산화제 혼합 고체

  장점: 구조 단순, 유지 쉬움, 발사 준비 짧음, 단점: 추력 조절불가

  이노스페이스 '하이브리드' 엔진이 중간형

- 하이브리드 엔진

  고체 연료 + 액체 산화제, 이노스페이스가 개발, 구조단순하면서도 일정 조절 가능성이 장점

- 기자 포인트

  국내 기업(이노스페이스·페리지항공우주 등)이 하이브리드 엔진
  을 글로벌 경쟁력으로 내세우는 추세.

2. 위성: LEO, GEO·SAR·EO

위성을 이해해야 우주 산업이 보인다

1) 위성 궤도

- LEO(Low Earth Orbit, 저궤도 500~2,000km)

  스타링크·원웹 등 통신위성, 관측(EO)·지구정보·군사위성 다수

  장점: 딜레이↓·해상도↑, 단점: 많은 수의 위성 필요

- GEO(Geostationary Orbit, 정지궤도 35,786km)

  기상·방송·통신 위성, 한 지점을 계속 관측

  장점: 1기만으로 넓은 영역 커버, 단점: 딜레이↑·발사 비용↑

- MEO(중궤도, GPS 등)

  GPS·갈릴레오, 정밀 항법 서비스

- 기자 포인트

  LEO는 "메가콘스텔레이션(대량위성군)"이 핵심 키워드.

2) 위성 센서 기술

- EO(Electro-Optical, 전자광학)

  '사진을 찍는 위성', 햇빛 기반, 고해상도(0.3m~1m) 관측, 맑은 날씨에서 강점

- SAR(Synthetic Aperture Radar)

  '레이더로 보는 위성', 날씨·밤 상관없이 관측 가능, 재난·군사용·불법 벌목·조선 산업 감시 활용

- 기자 포인트

  SAR는 최근 신규 스타트업 투자 대상이며 '국가안보 + 데이터 산업' 이슈와 강하게 연계된다.

3) 위성 제작 구조

버스(Bus): 본체(전력·열·통신·추력), 페이로드(Payload): 관측 장비·안테나·레이더, 지상국과 통신 발사체에 탑재해 궤도 투입

- 기자 포인트

  국내 위성 제작사는 한국항공우주연구원(KARI), 한화에어로스페이스, 쎄트렉아이, LIG넥스원 등

3. 우주 데이터·지상국의 역할

우주산업의 '돈'은 데이터에서 나온다
1) 우주 데이터 산업

위성에서 내려오는 데이터를 → 지상국에서 수신 → 이미지·레이더·기상·환경 데이터 가공 → 정부·군·보험·항만·물류·농업에 제공

- 기자 포인트
  발사체보다 돈이 되는 건 데이터다.

2) 지상국(Ground Station) 역할

- 핵심 기능
  위성과 데이터 송수신, 궤도 조정(Orbit Control), 위성 상태모니터링, 긴급 명령(Uplink), 이미지·레이더 데이터 다운링크
- 국내 지상국: 대전 KARI 지상국, 제주시·인천 등 위성별 안테나 분포
- 기자 포인트
  LEO 위성 시대에는 지상국 네트워크 확장이 중요. 국내도 민간 지상국 구축 움직임 활발.

4. 한국 우주 정책: 우주청·KARI 구조

정책·예산 구조를 알면 산업 보도가 정확해진다

1) 우주항공청(KASA)

2024년 신설된 한국 우주 컨트롤타워.

- 담당 업무

  발사체 정책, 위성·탑재체·관측 사업 총괄, 민간 우주기업 지원, 우주 안전·규제, 국제 협력
- 특징

  NASA·JAXA와 유사한 구조, 민간 중심'뉴 스페이스' 지향, 예산 권한 확대
- 기자 포인트

  우주청은 조직·예산이 확정되지 않아 '정상화·조직 공백·예산 배분'이 주요 기사 포인트.

2) 연구기관: KARI(한국항공우주연구원)

역할: 누리호(KSLV-II) 개발, 차세대발사체 개발, 위성 개발(아리랑·천리안), 로켓 엔진 기술, 우주 탐사(달궤도선 다누리)

- 기자 포인트

  KARI는 기술 중심, 우주청은 정책·산업 중심. 두 기관 역할이 다르므로 기사에서 정확히 구분해야 한다.

3) 한국 우주 예산 구조

- 주요 항목

  발사체 고도화, 발사장 인프라(나로우주센터), 위성 개발(EO·SAR·정지궤도), 우주탐사(달·소행성·행성), 우주 데이터 산업, 지상국 확충, 민간기업 지원(R&D·실증)

- 기자 포인트

  2027~2030년 사이 '차세대 발사체' 'LEO 위성 200기 군집'이 핵심 예산 쟁점.

5. 글로벌 우주시장

1) SpaceX

가장 지배적인 글로벌 우주 기업.

- 핵심 기술

  재사용 로켓(팔콘⑨), 스타링크(LEO 통신 위성), 초대형 로켓

Starship

- 강점

  발사 가격 세계 최저, 발사빈도 세계 1위, 위성·발사체·지상국 수직
  계열화

- 산업 영향

  전 세계 발사체 가격을 70~80% 낮춤.

- 기자 포인트

  SpaceX 기사는 "재사용 → 비용 → 발사빈도 → 스타링크 글로벌
  확장" 프레임으로 설명해야 정확하다.

2) 블루오리진(Blue Origin)

아마존 제프 베이조스가 설립.

- 사업 영역

  뉴셰퍼드(관광용), 뉴글렌(차세대 대형 로켓), 달 착륙선 개발

- 특징

  SpaceX처럼 높은 빈도 발사는 없지만 엔진(BE-④ 공급을 통해
  ULA·미 우주정책에 영향력.

3) ULA(United Launch Alliance)

보잉+록히드 합작.

- 특징

  국가안보 위성 발사 중심, 높은 신뢰성, BE-4 엔진 도입해 차세대 발사체 Vulcan 개발

4) 유럽(ESA·아리안스페이스)

아리안5 성공 이후 아리안6 지연, 유럽자체 발사체 경쟁력 하락, 러시아 소유즈 중단 후 발사공백

- 기자 포인트

  유럽은 '발사체 빈틈'이 글로벌 시장 재편 요인.

5) 중국

장정 시리즈, 재사용 로켓 개발 중, LEO 위성 대량 투입 진행, 정부중심의 일관된 투자

- 특징

  약점은 국제 제재·글로벌 시장 진출 어려움.

6) 인도(ISRO)

PSLV 발사체로 저비용 성공, 달 착륙 성공(2023, IT·엔지니어링 기반 인프라

- 기자 포인트

  인도는 '저비용+대량 발사'로 한국에 직접 경쟁자로 등장.

실전 취재 체크리스트

1) 발사체 기사

"1단·2단·추력·엔진" 구체적으로, 실패 원인은 "분리·점화·궤도 삽입" 단계로 구분, 발사체 기업(민간·정부) 역할 분리

2) 위성 기사

EO, SAR 구분, 해상도·커버리지, LEO 군집 여부, 위성 제작사·지상국 포함

3) 우주 정책 기사

우주청 역할, 조직 공백 여부, 예산 구조, KARI vs 우주청 역할 구분

4) 글로벌 시장 기사

SpaceX 재사용 로켓 영향, 스타링크 vs 원웹, ESA 발사공백, 중국·인도 LEO 경쟁

9장

순수과학(기초과학 개론)

1. 양자역학·양자컴퓨팅 기본

"중첩·얽힘·큐비트"만 이해해도 대부분의 양자 기사 구조를 잡을 수 있다.

1) 양자역학(Quantum Mechanics) 핵심 개념

- 중첩(Superposition)
  입자가 동시에 여러 상태에 존재할 수 있는 현상, 양자컴퓨터의 기본 원리.
- 얽힘(Entanglement)
  두 입자가 상호 연관돼 하나의 상태가 결정되면 다른 하나도 즉시 결정되는 현상, 양자통신·보안 기술의 기초.

- 파동함수(Wave Function)

  입자의 '확률 분포'를 표현, 측정하면 특정 값으로 붕괴(측정 문제).

- 불확정성 원리(Heisenberg Principle)

  위치·운동량을 동시에 정확히 알 수 없음.

- 기자 포인트

  양자 관련 기사는 기술적 과장·환상이 섞이기 쉬우므로 원리와
  제한 사항을 병기해야 신뢰 확보.

2) 양자컴퓨팅(Quantum Computing)

- 큐비트(Qubit): 0과 1을 동시에 표현할 수 있는 정보 단위, 중첩·
  얽힘을 활용.

- 양자 게이트(Quantum Gate): 큐비트 상태를 조작하는 연산(논리
  연산에 해당).

- 양자 우월성(Quantum Supremacy): 기존 슈퍼컴퓨터로 할 수 없는
  계산을 양자컴퓨터가 해결하는 것.

- 구현 방식: 초전도 큐비트(구글·IBM), 이온트랩 큐비트, 광자 기반
  큐비트, 스핀기반 큐비트

- 한계: 디코히런스(잡음), 에러율, 냉각·초전도 환경 필요, 대규모
  확장 어려움

- 기자 포인트

  양자컴퓨터 기사에는 "양자컴퓨터가 기존 컴퓨터 대체"라는 표현

을 금지하고 특정 연산에서의 우위로 표현하는 것이 정확하다.

2. 초전도·초저온 기술

온도 조건·재료 특성이 기사에서 등장하며 '상온 초전도체 논란'처럼 오보 방지 핵심 영역.

1) 초전도(Superconductivity)

- 정의

  특정 온도 이하에서 전기저항이 0이 되는 현상.

- 임계온도 Tc

  초전도 현상이 발생하는 온도, 높을수록 상용화 용이.

- 유형

  저온 초전도체(Low-Tc), 고온 초전도체(High-Tc, YBCO 등)

- 응용

  MRI, 초전도 자석, 양자컴퓨터(초전도 큐비트), 핵융합 토카막 자석

- 기자 포인트

  상온·상압 초전도체 보도 시 반복 검증·독립 재현 여부가 핵심 이다.

2) 초저온 기술(Cryogenics)

양자·우주·반도체·바이오 연구 기반.

- 중요 요소

  액체헬륨(-69°C), 액체질소(-96°C), 초저온냉동기(Cryocooler)

- 활용

  양자컴퓨팅 냉각, 우주용 장비, 생명연구 시료 보관, 초전도 체계 유지

- 기자 포인트

  초전도 기술은 반드시 초저온 시스템과 함께 설명해야 한다. 양자 컴퓨터 기업 실적은 대부분 '초저온 유지 비용'이 핵심 비용 구조.

3. 핵융합(토카막·레이저·소형화)

"반응 유지 시간·온도·압력·Q값"이 핵.

1) 핵융합의 기본

태양이 에너지를 내는 방식, 수소 동위원소를 초고온·고압으로 결합해 에너지 생성.

2) 토카막(Tokamak)

- 구조

  도넛형 챔버, 초전도 자석으로 플라즈마 가둠, 플라즈마 온도 1억°C
  이상

- 대표 프로젝트

  ITER(국제핵융합실험로), KSTAR(한국), JET(영국)

- 기자 핵심 지표

  플라즈마 유지 시간, 이온 온도, Q값(에너지 산출, 투입 비율)

3) 레이저 핵융합(Inertial Confinement Fusion, ICF)

- 원리

  고출력 레이저로 연료 펠릿을 순간 압축하여 핵융합 발생.

- 대표 기관

  NIF(미국 로렌스리버모어)

- 특징

  순간 폭발성, 지속 반응 어려움, 실험적·물리학 연구중심

4) 핵융합 소형화(Small Fusion)

- 소형 토카막

  고온 초전도체(HTS) 활용, MIT 스핀오프 '커먼웰스 퓨전(CTF)'
  주도

- 소형 ICF

  레이저 출력 고도화, 상업성은 아직 초기 단계
- 기자 포인트

  핵융합 산업 기사에는 항상 "상업화 시점예측 금지" "Q값(과학적 점화, 엔지니어링 점화 구분)"이 필수다.

4. 재료과학(배터리·촉매·그래핀)

배터리·반도체·에너지·수소 등 모든 테크 산업의 '기초 체력'을 이해하는 파트.

배터리(Materials for Batteries)
1) 리튬이온배터리 구조

양극(NCM, LFP), 음극(흑연·실리콘), 분리막, 전해질(액체·고체)

2) 차세대 배터리

전고체 배터리(고체 전해질), 리튬금속 배터리, 나트륨이온 배터리, SSB 기반 셀 구조

- 기자 포인트

  전고체 기사에서는 "고체 전해질 종류(황화물·산화물·고분자)"
  을 반드시 구분해야 한다.

촉매(Catalyst)

1) 개념

화학 반응 속도를 높이는 물질. (스스로는 소모되지 않음)

활용: 수소 생산(수전해), 연료전지, 암모니아 합성, 탄소포집(CCU)

- 기자 포인트

  암모니아 기반 수소 기사에서는 "고효율 촉매 개발"이 실질적인
  기술 경쟁 포인트.

그래핀(Graphene)

1) 특징

탄소 원자 1층, 강도↑, 전도성↑, 투명성↑, 두께 0.2nm

응용: 반도체, 배터리, 방열소재, 디스플레이

- 기자 포인트

  그래핀은 상용화 난이도가 높아 기업 발표 시 실증 단계(랩→파일
  럿→양산)를 구분해야 한다.

5. 합성생물학·CRISPR

바이오·에너지·환경 산업의 '재편'을 이끄는 핵심 기술.

1) 합성생물학(Synthetic Biology)

- 목표

  새로운 유기체·탄소순환 시스템·대사 경로 생성.

- 기술 요소

  유전자 회로 설계, 효소·대사 경로 재설계, 대량 배양 공정, 바이오 소재 생산

- 활용

  친환경 플라스틱, 바이오 연료, 의약품 생산, 단백질·효소 산업

- 기자 포인트

  합성생물학은 거의 항상 "대사 경로 엔지니어링"이라는 용어가 등장하므로 이해 필수.

2) CRISPR 유전체 편집 기술

- 종류

  CRISPR-Cas9, Base Editing(염기 하나교정), Prime Editing(정밀 편집)

- 활용

유전병 치료, 농업, 바이오 소재, 미생물 공정 개선

- 규제

FDA 임상 승인, 윤리적 논쟁(생식세포 편집 금지)

- 기자 포인트

CRISPR 기사에서 "정확도·오프타겟(Off-target)"은 핵심 평가 지표다.

6. 학술 논문·통계 해석(P-value 등)

'p<0.05'가 정확히 무엇을 의미하는지 모르면 과학 기사 오류 위험이 높다.

1) P-value(유의확률)

- 정의

관측된 효과가 '우연히 일어날 확률'.

- 해석 원칙

$p < 0.05$ → 통계적으로 유의, "효과가 크다"는 의미 아님, "재현성 확인 필요", 표본 크기·편향 여부 중요

- 기자 포인트

"통계적으로 의미 있다"는 표현을 사용하고 "효과가 증명됐다"는

표현은 피해야 한다.

2) 신뢰구간(Confidence Interval)

특정 수치가 놓일 것이라고 예상되는 범위, 임상시험·사회조사 기사에서 필수.

3) 표본 크기(Sample Size)

표본이 작으면 p-value는 왜곡 가능, 과학·임상 기사에서는 꼭 표본 규모 명시.

4) 인과 관계 vs 상관 관계

상관 관계 = 두 변수가 함께 움직임, 인과 관계 = 원인 → 결과

- 기자 포인트

  데이터 기사에서 반드시 "상관 관계일 뿐"인지, "인과 관계 입증"인지 구별해야 한다.

실전 취재 체크리스트

1) 양자·초전도 기사

중첩·얽힘·큐비트·Tc 개념 정확히, 기술 과장 여부 점검, "상온 초전도체 재현 여부" 필수 확인

2) 핵융합 기사

Q값(과학·엔지니어링), 플라즈마 유지 시간, 온도·압력·자석 구조, "상용화 전망" 표현 자제

3) 재료과학 기사

실증 단계 구분, 배터리 소재(NCM, LFP, 전고체) 정확히, 그래핀 상용화 난이도 강조

4) 합성생물학·CRISPR 기사

오프타겟 검증 여부, 임상 단계·규제, 대사 경로 조작 종류

5) 논문·통계 기사

p-value 해석 오류 방지, 표본 크기·신뢰구간, 인과, 상관구분

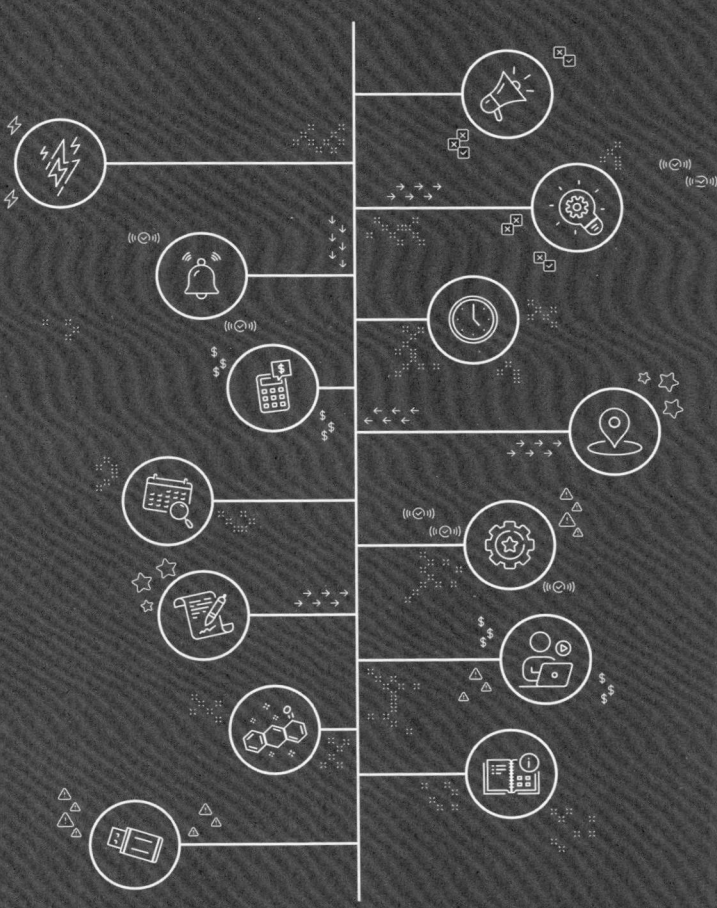

3부

공시·IR 자료 읽기
매뉴얼

1장

공시·IR 자료 읽기 매뉴얼

1. 매출·영업이익·CAPEX·R&D 해석법

공시

1) 공시(Disclosure)

- 법적 의무에 따라 정해진 형식으로 제출되는 기업 정보.
- 전자공시시스템(DART), 사업보고서, 반기·분기보고서, 증권신고서, 정정공시, 주요사항보고서(계약·합병·투자 등)
- 특징: 법적 책임을 동반, 수치·지표는 과장할 수 없음, 보도 시 가장 신뢰도 높은 자료로 인정

2) IR(Investor Relations) 자료

- 투자자 소통을 위해 기업이 자율적으로 제작. 분기 실적 브리핑,

IR 프레젠테이션, 애널리스트 컨퍼런스콜 자료

- 특징: 경영진의 설명·전망·해석 포함, 말은 과장될 수 있으나 수치는 공시 기반

- 기자 포인트

공시 = "사실", IR = "기업의 해석", 두 개를 섞지 않고 분리해서 기사화해야 한다.

핵심 재무지표 해석(매출·영업이익·CAPEX·R&D)

테크 산업 기사에서 가장 자주 등장하는 지표는 다음과 같다.

매출(Revenue): "기업이 시장에서 실제 벌어들인 총액"

1) 기본 구조

매출은 기업의 본업 규모를 나타내는 지표.

- 유형

제품 매출, 서비스 매출, 광고 매출, 구독 매출, 수수료 매출, 기타매출
- 테크 산업에서 중요한 매출

광고 매출: 네이버·구글·메타 실적의 핵심

클라우드 매출: 아마존(AWS)·MS(Azure)·구글(GCP)

반도체 매출: 삼성전자·TSMC·엔비디아

콘텐츠 매출: 카카오엔터·넷플릭스

2) 기사 작성 체크 포인트

YoY(전년 대비) 증가 여부, QoQ(전분기 대비) 흐름, 특정 사업부 매출 비중, 광고·클라우드·게임 등 주력 매출의 건강성, 환율 효과(반도체·수출기업 중요)

3) 함정

매출 증가가 곧 '실적 개선'을 의미하지 않음 → 원가·마케팅 비용 증가하면 영업이익 감소 가능

영업이익(Operating Profit): 기업의 '체력'과 '사업 효율'을 보여주는 핵심 지표

1) 정의

매출에서 매출원가(COGS)·판관비(SG&A)를 제외한 금액. 본업의 수익성을 나타냄.

2) 테크 산업의 특징

- Big Tech

  인건비·R&D 비중 높음, 경기 둔화 시 광고 매출 급감 → 영업이익 즉시 하락

- 반도체

  업황 싸이클에 따라 크게 변동, 가격상승기엔 영업이익 폭증
- 게임

  매출 대비 영업이익률(O-P Margin) 주로 기사화, 신작성과가 단기
  실적 좌우

3) 기사 작성 체크 포인트

영업이익률(%), 비용 증가 요인(인건비·클라우드·마케팅), 일회성
비용 여부, 환율 영향, 구조조정(R&D 축소·인력감축 등) 관련성

4) 함정

"순이익(Net Income)"과 혼동 주의 → 순이익은 금융손익·지분법손익
반영. 기사에서는 보통 영업이익 중심으로 보도

CAPEX(설비투자): 반도체·클라우드·데이터센터·우주항공 기사에서 반드시 등장

1) 정의

기계·건물·데이터센터·공장 등 장기 자산을 구축하기 위한 투자.

2) 산업별 특징

- 반도체

대규모 팹(FAB) 건설: 수조 원 단위, 미세공정·EUV 장비 투자 (CAPEX 급증)

- 클라우드·데이터센터

  AI GPU 서버 구매, 데이터센터 건축, 전력 인프라 구축
- 우주항공

  발사장·엔진 시험설비, 생산라인 구축

3) 기사 작성 체크 포인트

CAPEX 증가 이유: 신공장. AI, 기업의 현금흐름에 미치는 영향, 미래 생산량·캐파 증가 여부, 투자 규모의 국제 비교(삼성 vs TSMC vs 엔비디아 서버 구매 등)

4) 함정

CAPEX 증가는 미래성장 투자일 수 있으나 단기적으로는 비용 폭증으로 "영업이익 감소"를 유발한다.

R&D(연구개발비): "테크 기업의 근육과 미래성장 엔진을 동시에 보여주는 지표"

1) 정의

신기술·신제품 개발을 위한 투자.

2) 테크 산업의 R&D 비중

AI·플랫폼 기업: 인건비 중심 R&D, 반도체 기업: 장비·인력·설계 비용, 제약·바이오: 전임상·임상 비용이 사실상 R&D

3) 기사 작성 체크 포인트

매출 대비 R&D 비중(%) → 애플 7~8%, 삼성전자 8~10%, 구글 15% 대, AI·반도체 투자 비중 증가여부, 비용 절감 기조인지 확인, 연구·기술 인력 확보 여부, 품목·부문별 R&D 분배(클라우드·모바일·AI 등)

4) 함정

"R&D 축소"는 대부분 기업의 위기 신호이므로 신중하게 보도해야 한다.

2. 공시·IR 자료를 읽는 '절차 중심' 실전 매뉴얼

테크부 기자가 취재 현장에서 바로 사용할 수 있는 절차 기반의 체크 리스트.

1) '핵심표' 먼저 본다

공시 파일에서 반드시 확인해야 할 지표

① 요약 재무제표

매출·영업이익·순이익, 영업이익률, 총자산·부채비율

② 부문별 실적

광고, 클라우드, 반도체, 디바이스, 게임, 콘텐츠. 어디가 성장·감소

했는지 명확히 확인

③ 현금흐름표

CAPEX 증가 여부, 현금성자산 감소 이유, 배당·자사주 소각 여부

2) '증감 이유'를 찾는다

수치는 설명이 없으면 기사 가치가 떨어진다.

- 질문해야 할 내용

매출이 왜 늘었나, 광고가 왜 감소했나, 인건비가 왜 증가했나?,

AI 투자 → 클라우드 원가 증가신작 게임 흥행·부진일회성 비용

환율 영향

3) IR 코멘트와 공시를 '분리'하여 기록

IR은 기업 해석이므로 신문 표현과 구분해야 한다.

- 예시:

- 공시: "영업이익 20% 감소"

- IR: "AI·클라우드 전환 비용 증가 영향"
→ 기사에서는 "회사는 AI 인프라 투자 확대로 비용이 늘었다고 설명했다" 식으로 중립적 기술 필요.

4) 경쟁사 비교

네이버 vs 카카오, AWS vs Azure vs GCP, TSMC vs 삼성전자, 엔비디아 GPU 구매량, 메타 vs 틱톡 광고 매출

- 기자 포인트
  경쟁사 비교가 기사 가치를 크게 높인다.

5) 그래프·지표를 정리해 놓는다

IR 자료는 대부분 계절적 요인·추세 분석이 중요. MAU. DAU, 광고 단가(CPM·CPC), ARPU(구독자당 평균매출), 점유율, CAPEX·R&D 증가율

3. 산업별 IR 자료 읽기 포인트

테크부가 자주 다루는 분야별로 IR 해석 기준을 정리했다.

1) 플랫폼·광고 기업(네이버·카카오·메타)

- 핵심 지표: 광고 매출, 톡비즈·쇼핑·구독, CPC·CPM 변화, 트래픽 변화(검색·피드·톡채널), AI 기반 추천 알고리즘 변화
- 주의: 광고는 경기 민감성이 높아 "전년 대비"보다 "전분기 흐름"이 중요하다.

2) 반도체 기업(삼성전자·TSMC·엔비디아)

- 핵심 지표: ASP(평균판매단가), 판매량·출하량, 공정 전환(EUV· 2nm), WFE(장비 투자액), AI GPU 수요
- 주의: "재고 조정 사이클" 여부가 실적의 가장 큰 변수.

3) 클라우드(AWS·Azure·GCP)

- 핵심 지표: 클라우드 성장률(%), 기업 고객 전환률, AI 기반 GPU· 서버 구매량, 데이터센터 CAPEX
- 주의: AI 시대에는 "AI 서비스 매출"이 새로운 포인트.

4) 게임(넥슨·넷마블·엔씨)

- 핵심 지표: 신작 성과, 인앱 결제, 해외 매출 비중, 인건비·마케팅비, 정보보호·보안 투자

5) 바이오·제약

- 핵심 지표: R&D 비용(전임상·임상), 판매관리비(SG&A), 기술수출 계약금·마일스톤, CDMO 매출, 임상 단계별 비용 구조

2장

각 분야별 기자간담회 질문 리스트

1. AI 분야 질문

- 이번 모델이 이전 버전 대비 개선된 정량적 성능 지표는 무엇인가?
- 학습 데이터 규모·조성 방식·필터링 기준을 공개할 수 있는가?
- 생성한 응답의 오류율(에러율)은 어떻게 측정하는가?
- 모델의 안전성 테스트는 어떤 기준으로 검증했나?
- 개인정보·민감정보 학습은 어떻게 차단했는가?
- 전력·메모리 등 인프라 비용 구조는 어떻게 변화했나?
- 서비스 장애 발생 시 대응프로세스는 무엇인가경쟁 모델(구글, 오픈AI, 앤트로픽)과의 차별 지표는?
- LLM 파인튜닝에 필요한 최소데이터·비용은?
- AI 도입으로 실제 매출·비용 절감 효과는 있었나?

- 생성형 AI의 허위 정보 방지 장치는?
- 에이전트(Agent) 기능은 어떤 권한 제한을 두고 작동하나?
- 기업 고객의 프라이빗 데이터 학습 금지 정책은?
- AI 서비스의 윤리 평가위원회 운영 여부는?
- 한국어 성능 개선을 위해 어떤 방법을 활용하는가?
- 모델 업데이트 주기 및 장기로드맵은?
- AI 관련 국내 규제(이용자 보호법 등)에 어떤 대응을 했는가?
- 저작권 데이터를 학습한 경우 대응 방식은?
- AI 서비스를 위한 데이터센터 전력 수요 계획은 어떻게 잡고 있나?

2. 반도체 분야 질문

- 이번 공정의 nm(나노미터) 급 전환에서 기술적 핵심은?
- HBM 생산 증가 시 병목이 되는 공정은 무엇인가?
- 파운드리 수율(Yield) 개선률은 어느 수준인가?
- EUV 장비 확보 계획과 실제 가동률은?
- 고객사(엔비디아·AMD·퀄컴)의 주문 변화는?
- AI 서버 수요에 따른 D-RAM·HBM 수요 전망은?
- 차세대 공정(2nm·1.8nm)의 주요 기술 장애 요소는?
- 반도체 가격 변동이 회사 실적에 미치는 영향은?

- 글로벌 재고 조정 사이클이 언제 정상화되는가?
- 미국·유럽·일본의 반도체 보조금 대응 전략은?
- 해외 공장(미국·일본·유럽)에서 발생한 비용 부담은?
- AI 반도체(NPU·ASIC) 라인업 계획은?
- 패키징(2.5D·3D) 경쟁력 지표는 무엇인가?
- 조립·테스트 부문 협력은 어떻게 진행되는가?
- 차세대 HBM(4·4E·5) 개발 일정은?
- 웨이퍼 투입량(Wafer Start) 변화는?
- 설비투자(CAPEX) 조정 여부는?
- 중국향 매출 비중과 규제 리스크는?
- 경쟁사(TSMC·마이크론) 대비 우위 또는 약점은?
- 전력·용수·인력 등 인프라 리스크는?

3. 통신·네트워크 분야 질문

- 5G 품질(속도·지연·커버리지) 개선 지표는?
- LTE 주파수 재할당에서 핵심 쟁점은?
- SA(5G 단독모드) 상용화 일정과 준비 상황은?
- 데이터 트래픽 증가가 망 투자에 미치는 영향은?
- 지역별 품질 격차 문제를 어떻게 해결할 것인가?

- 실내 5G 구축 의무 이행률은?

- 망중립성 관련 회사의 공식 입장은?

- AI 서비스 증가가 망 비용에 주는 영향은?

- 통신장애 발생 시 복구 프로세스는?

- 통신 3사의 CAPEX 증감 이유는?

- 6G 연구개발의 구체적 기술 목표는?

- 기지국 철거·노후 장비 교체 계획은?

- 로밍 품질·과금 체계 개선 방안은?

- 빅테크와의 망 사용료 갈등 입장은?

- 재난망·공공망 관련 기술개발 현황은?

- 전력비·임대료 상승이 망운영 비용에 미치는 영향은?

- 사설망·전용망·기업망 사업전략은위성통신(LEO·GEO) 사업
  참여 계획은?

- 스마트팩토리·자율주행과의 연계 전략은?

4. 빅테크(네이버·카카오·구글·애플·메타·MS) 분야 질문

- 핵심 매출(검색·쇼핑·광고·구독) 증감 요인은?

- 알고리즘 투명성·노출 기준은?

- 공개 가능한가검색·피드 추천에 AI가 어떤 비중으로 적용됐니?
- 개인정보 국외 이전 정책은 무엇인가?
- 인앱결제 정책 변경에 따른 매출 영향은?
- 단기 실적과 장기 투자(AI·클라우드) 균형은?
- 페이·금융 사업 리스크는?
- 메신저·검색 등 주요 서비스의 장애 대응 프로세스는?
- 창작자·광고주와의 수익 배분 구조는?
- 데이터센터 전력 확보 계획은?
- 글로벌 경쟁사 대비 기술적 차별점은?
- 한국어·한국 시장 우선 전략이 있는가?
- 아동·청소년 보호 기준은?
- AI 생성물 저작권 정책은?
- 기업 결합(인수·계열 편입) 후 조직 변화는?
- 내부 알고리즘 편향성 검증 방법은?
- 구독 서비스 번들링 정책은?
- "주가·실적 부진" 질문 시 회사의 개선 전략은?

5. 바이오·제약 분야 질문

- 약물 기전(MoA)을 비전문 기자가 이해할 정도로 설명해 달라?

- 임상 단계(1·2·3상)별 차별 포인트는?

- 안전성(AE·SAE) 데이터는 어떻게 관리했나?

- 경쟁 약물 대비 우위는 무엇인가?

- 환자군·적응증 선택 이유는?

- 기술수출 계약 구조(계약금·마일스톤)는?

- CDMO·CRO 협력 현황은?

- EMA와의 소통진행 상황은?

- 생산 공정(CMC) 리스크는 어떻게 해결했나?

- 임상 중단 또는 지연 발생 시 대응은?

- 유전자치료제 부작용 관리 기준은?

- AI 신약개발은 실제 어느 단계에 쓰였나?

- 국내외 경쟁사의 개발 상황은?

- 시장 진입 시 가격 전략은?

- 전임상 데이터의 재현성은 충분한가?

- 제형 변경(정제·주사제) 계획은?

- 특허 만료·라이센스 리스크는?

- 위탁생산(CDMO) 확보 여부는?

6. 우주·항공·위성 분야 질문

- 발사체의 1·2·3단 추진체 주요 개선점은?
- 이번 미션의 목표 궤도와 성공 기준은?
- 발사체 실패 시 원인분석 절차는?
- 엔진 추력·연소시간 개선 지표는?
- EO 위성 중 어떤 기술을 적용했나?
- 위성 해상도·커버리지 수치는?
- 지상국(Ground Station) 확보 상황은?
- 발사 비용 절감 전략은?
- 민간 기업과의 협력 구조는?
- SpaceX와 경쟁 가능한 기술은?
- 재사용 로켓 개발 계획은?
- 우주청·KARI·민간의 역할 분담은?
- 우주 예산 배분 기준은?
- 우주 데이터 활용 계획은?
- 발사장 인프라(전력·추진제) 준비 상황은?
- 엔진 소재·냉각 기술은 어떤 것을 쓰는가?
- 해외 규제·수출통제(ITAR) 리스크는?
- 발사 일정 지연 가능성과 대응책은?

7. 보안·사이버·해킹 분야질문

- 이번 침해사고의 최초 감지 시점은?
- 공격 유형(APT·스피어피싱·랜섬웨어)은?
- 악성코드 유입 경로는 파악됐나?
- 내부 계정 탈취 여부는?
- 데이터 유출 규모·종류는?
- 백업 시스템은 정상 작동했나?
- 로그·포렌식 분석 진행 상황은?
- 북한 배후 가능성 판단 근거는?
- 보안 솔루션이 어떤 부분에서 탐지 실패했나?
- 다중 인증 적용 범위는?
- 클라우드·온프레미스 중 어디가 취약했나?
- 내부자 위협 가능성은?
- 사고 후 보안 투자 증가 계획은?
- 개인정보보호법·전기통신사업법 대응은?
- 감사·재발방지 조치는?
- 제3자 보안업체의 점검 결과는?
- 피해 고객 보상 기준은?
- 폐쇄망·망분리 시스템의 취약점은?

- 해외 해커 조직과의 코드 유사성은?
- 사고 은폐·보고 지연 논란에 대한 입장은?

8. 게임·콘텐츠 분야 질문

- 신작 게임의 핵심 시스템·밸런스는?
- 글로벌 출시 일정·현지화 전략은?
- 인앱 결제(ARPU) 변화는?
- 동시접속자 수(DAU·MAU) 지표는?
- 매출 비중(한국·일본·북미·유럽)은?
- 부정 이용·해킹 대응이 충분한가?
- 게임 내 AI 기술 활용 여부는?
- 메타버스·웹3 연계 계획은?
- IP 확장·2차 창작 지원 정책은?
- 게임 개발 비용 증가 요인은?
- 확률형 아이템 공개 기준은?
- 장애 발생 시 고객 보상 기준은?
- 게임사 내부 인력 구조조정 영향은?
- 빅테크 플랫폼과의 협업·수수료 문제는?
- 신규 장르 도전 계획은?

- PC·모바일·콘솔 중 주력 플랫폼은?

- 스포츠 투자 계획은?

- 규제(확률 규제·셧다운제) 대응은?

- 성장 둔화에 대한 회사의 전략은?

- 개인정보·청소년 보호조치 여부는?

3장

규제·정책 보도 절차

1. 정책·규제 기사에서 가장 중요한 원칙

정확한 절차 이해 → 사실중심 → 산업·시장 영향 분석 → 이해관계자 균형

1) 정책 보도는 '프로세스 기사'다

법안·정책은 시작-심사-조정-확정-시행의 전형적 절차를 갖는다. 이 흐름을 틀리면 기사 전체 신뢰도가 무너진다.

2) 규제·정책은 대부분 '예고→조정→수정→확정' 과정

초안과 최종안이 달라지는 경우가 많아 "초안 기준 속보"와 "최종 확정 보도"를 반드시 구분해야 한다.

3) 정부 입장 vs 국회 입장 vs 산업계 입장을 분리

단일 기사에 3개 입장을 모두 반영해야 과장·왜곡 없는 '팩트 기사'가 된다.

2. 법안 처리 절차: 국회 중심의 보도프로세스

국회가 움직이지 않으면 규제는 만들어지지 않는다.

1) 법안 발의 단계

의원 발의(10명 이상 동의), 정부 발의(부처 제출)

* 기자 체크 포인트
  발의 의원(소속·관심 분야)
  배경 설명: 사건·시장 변화·국제 규제 영향
  기존 법과의 차이(개정 vs 제정)

2) 상임위 회부

법안이 소관 상임위로 배정되며 본격 논의시작.

- 기자 체크 포인트

  과기정통위, 정무위, 문체위 등 소관 파악

  전문위원 검토보고서 요지 확인(가장 중요한 문서)

  이해관계자(기업·학계·단체)의 의견 첨부 여부

3) 법안심사소위 심의

실질적인 정책 내용이 조정되는 핵심 절차.

- 기자 체크 포인트
  - 쟁점 조항(예: 인앱결제, 망 사용료, AI 규제 등)
  - 정부 vs 국회의 차이
  - 여야 대립 여부
  - 수정안·대안법안 등장

4) 상임위 전체회의

소위 통과 후 상임위 전체회의에서 표결한다.

- 중요 포인트
  - 논쟁이 줄어든다(소위가 실전 전투)
  - 표결 결과·반대 의견 기록

5) 법사위(체계·자구 심사)

내용보다 법률 체계·문구 검토가 중심. 때로는 '사실상의 보류·재검토' 기능을 하기도 한다.

6) 본회의

전체 의원 표결 → 법안통과

- 보도 포인트

  "통과"라고 쓰기 전에 시행일·경과규정을 반드시 확인. 일부 조항은 3~12개월의 유예기간이 존재

3. 정부 정책 발표의 구조

정부 발표는 '정책 의도 → 세부기준 → 일정 → 예산'의 4단 구성이다.

1) '정책 의도'는 브리핑 첫 문장에 있다.

정부는 정책을 발표할 때 첫 문단에서 핵심 목적을 말한다.

예시: "AI 이용자 보호를 강화하기 위해…"

"데이터센터 전력 규제를 합리화하기 위해…"

"3G·LTE 재할당을 통해 5G 투자를 유도하기 위해…"

기자는 이 문장을 그대로 인용하는 것이 가장 안전하다.

2) 세부 기준(핵심 제도)

정책의 실질은 대부분 세부 기준에서 결정된다.

- 예시: 주파수 재할당 조건(5G SA 의무 등), AI 규제(안전성 테스트·개발자 의무), 게임 확률 공개기준, 플랫폼 수수료 공시 기준
- 기자 체크 포인트
    - '의무'인지 '권고'인지 구분
    - 적용 대상(대기업·중소기업)
    - 시행 기준시점
    - 환급·과징금·제재 구조

3) 일정

정책 기사에서 가장 빠지기 쉬운 항목. 시행일, 유예기간, 단계별 확산 계획, 기술시험기간(파일럿) 확인해야 한다.

4) 예산

정책이 의지가 아닌 실행력을 가지려면 반드시 예산이 필요하다.

- 체크 포인트

  R&D 예산, 인프라 구축 예산, 지원금·바우처, 지역·산업별 배분

- 기자 포인트

  예산 없는 발표는 대부분 "정책 의도만 있고 실행력은 떨어진다"
  고 평가된다.

4. 규제 영향 분석 프레임

정책 기사에서 가장 중요한 '산업 영향프레임'을 5가지로 구조화.

1) 기술 영향

기술 개발 속도에 어떤 영향을 미치나기업의 AI·클라우드·반도체
전환 속도는 국제 기술 규제와 충돌하는가

- 예: AI 안전성 테스트 → 모델 출시지연·비용 증가

2) 산업·시장 영향

- 광고·검색·클라우드·앱마켓 수익구조 변화
- 통신·데이터센터·반도체 투자가 증가/감소하는가
- 스타트업 신규 진입 장벽 변화

- 예: 인앱결제 강제 금지 → 플랫폼 수익 감소

3) 기업 비용 영향

준수 비용, 인프라 비용(서버·GPU·전력), 인력·보안·법무 비용 증가 여부

4) 이용자·소비자 영향

요금 변화(통신·구독·게임·앱), 서비스 품질 변화, 이용자 보호 효과, 개인정보 권리 강화 여부

5) 국제 경쟁력 영향

해외 규제와 조화 여부, 글로벌 기업의 한국 시장 전략 변화, 한국 기업의 해외 수출·진출에 주는 영향

5. 규제 보도 시 반드시 확인해야 할 자료

1) 정부 보도자료

핵심 문구 인용 가능, 사실상 '정부 공식 입장'

2) 별첨(세부 고시·기준안)

- 정책 실질 내용의 80%가 별첨에 있다.
- 기자가 반드시 전문을 확인해야 한다.

3) 국회 전문위원 검토보고서

- 법안의 문제점·수정 요구사항을 가장 날카롭게 정리한 공식 문서.
- 테크부 규제 보도의 핵심 참고자료.

4) 기업·업계 의견서

이해관계자 입장에서 규제를 해석하는 중요한 단서.

5) 해외 규제 사례(EU·미국·일본·영국)

특히 빅테크·AI·플랫폼 규제는 해외 사례를 비교해야 기사 가치가 높아진다.

6. 규제 기사 작성 절차(실전형)

① 정책 목적 파악 → 정부 발표 첫 문장 인용
② 세부 기준 정리 → "의무 vs 권고", "대상", "적용 시점"
③ 법적 근거 → 법률? 시행령? 고시? 행정규칙

④ 이해관계자 의견 → 빅테크·중소기업·학계·소비자단체

⑤ 영향 분석 → 기술·산업·비용·이용자·국제 경쟁력

⑥ 해외 비교 → EU·미국과 차이

⑦ "예상되는 쟁점" → 적용 유예·기업 반발·소송 가능성

4장

사고·사건 보도 프로토콜

1. 공통 원칙: 사고 보도의 3대 원칙

모든 사고 기사에 적용되는 공통 절차

1) '사실→원인→대응→영향' 4단 구성

속보·후속보 모두 이 구조를 유지해야 과장·오보 방지 가능.

- 사실: 시간, 위치, 규모, 피해범위, 확인된 데이터만 작성.
- 원인: 원인이 특정되지 않은 경우 → "원인 조사 중"이라고 정확히 명시, 가능성 언급 금지
- 대응: 기업·정부·기관의 공식 대응, 조치 시점·순서, 향후 조사 계획.
- 영향: 이용자·시장·서비스, 규제·보안·기술적 후속 영향

2) 비확정 정보는 "확인되지 않았다"고 명시

- 예: "북한 소행 가능성", "서버 폭주가 원인으로 추정" → "업계에
  서는 ~라는 분석도 있으나, 공식적으로 확인된 것은 아니다."

3) 기업·기관에 확인해야 할 점

최초 감지 시점, 사고 인지시점, 신고·보고 시점, 피해 규모 재발방지
조치

2. 보안 사고 보도 프로토콜

"해킹 사고는 확인되지 않은 단정 표현이 가장 위험하다."

1) 사실 확인

사고 인지 시점, 최초 감지주체, 내부·외부침해 유형(APT·피싱·랜섬
웨어), 유출된 정보 종류(이름·생년월일·계정·연락처 등), 암호화 여부
(Bcrypt·SHA 등), 내부망. 외부망 어느 경로 침입인지, 피해자 규모(계
정 수·파일 수·시스템 수), "개인정보 포함 여부"는 가장 핵심, 비밀번호
는 해시 형태인지 꼭 확인

2) 원인

- 원인이 특정되지 않으면 단정 금지.
- "악성코드에 감염된 것으로 보인다"(X), "공식적으로 원인 파악 중"(O), 업계 분석은 반드시 분리하여 서술

3) 기업·당국 대응

시스템 차단, 비밀번호 초기화, 로그 분석·포렌식, 개인정보보호법· KISA 신고 여부

- 당국 대응: KISA·과기정통부·경찰 수사, "신고 시점"은 기사에서 가장 중요함

4) 영향

사용자 접속 장애, 계정 탈취, 2차 공격 가능성, 기업 이미지·주가 영향, 플랫폼 전체 보안 기준 재검토

3. 장애(데이터센터·클라우드) 보도 프로토콜

"장애 보도는 '타임라인'이 기사 품질을 결정한다."

1) 장애 사실 확인

- 데이터센터·클라우드 장애 시 확인해야 할 핵심 항목.
- 장애 발생 시각, 감지 시각, 복구 시작 시각, 복구 완료시각(또는 예상 시각), 장애 구간(네트워크·전력·스토리지·API), 특정 기업.서비스 중심인지, 이용자 영향 범위(결제·검색·메신저·게임 등)

2) 원인

전력 장애(정전·UPS·변전 설비), 네트워크 장애(라우팅·DNS·스위치), 스토리지 장애(I/O 지연·데이터 손상), 서버·GPU 과부하, SW 배포 오류(배포 실패·롤백 실패)

- 주의: 기업이 제공하는 원인이 '일시적'이라고 표현되어도 사실상 구조적 문제(전력 확보·과부하 등)일 수 있음.

3) 기업 대응

장애 공지 시각, 공식 사과여부, SLA 보상 기준, 고객사(기업) 피해 접수 여부, 재발 방지책 제시여부

4) 정부·기관 대응

과기정통부 조사, 방송통신위원회 제재 가능성, 국가 정보통신망 영향 여부, 금융·공공 분야 피해 여부

5) 영향

결제·택배·금융·메신저 등 국민 생활 직접 타격, 기업고객 클라우드 의존도 재검토, 데이터센터 전력·전송망 규제 논쟁 확산, 조사가 끝나기 전 단정 금지

4. 우주 발사 실패 보도 프로토콜

"우주 실패 보도는 기술 원리 → 확인된 사실 → 원인 조사 → 후속 일정순"

1) 기본 사실

발사 시각, 발사 장소, 로켓종류(1단/2단 구조 포함), 탑재체 종류(위성·기술 검증체), 목표 궤도(LEO·GTO 등)

2) 실패 구간 확인

- 발사 실패는 주로 아래 단계에서 발생.
- 1단 점화, 1단 분리, 2단 점화, 공력·진동 문제, 탑재체 분리 실패, 궤도 투입 실패
- 기자 체크 포인트
  우주청·KARI·민간 기업도 즉시 원인 단정불가, 정확한 표현은

"XX 구간에서 이상 징후 발생".

3) 원인

- 원인 조사 단계에서 기사화 가능한 문구는 다음뿐.
- "이상 원인 조사 중", "초기 분석에서 X 구간 문제 가능성 제기", "정확한 원인은 확인되지 않음"

4) 기관·기업 대응

우주청 공식 브리핑, KARI·민간 발사체 기업의 기술적 설명, 변론위원회·조사위원회 구성 여부, 재발 방지계획, 후속 발사 일정 조정

5) 영향

위성 서비스 일정 지연, 예산·프로젝트 지연, 민간 우주 산업 이미지, 국제 원격탐사·통신 서비스 영향, 외교·안보 위성 배치 일정 변화 가능성

5. 약물 임상 중단 보도 프로토콜

"임상 중단은 제약·바이오 주가·시장·국민 건강에 영향이 크므로 가장 신중해야 하는 보도"

1) 임상 기본 사실

치료제 종류(MoA·항체·세포·유전자치료 등), 적응증(질환명), 단계 (1·2·3상), 임상 디자인(무작위·이중맹검 등), 투여 용량·기간

2) 중단 유형

임상은 안전성 이슈(AE/SAE), 유효성 부족, 기업 전략적 이유(자금·우선순위 조정)로 중단

- 기자 체크 포인트
  기업·당국 발표에서 어떤 유형인지 명확한 문구로 확인해야 한다.

3) 안전성 이슈의 기본 항목

어떤 부작용 발생중증도(Grade 1~5, 사망·입원 여부, 투약중단·감량·재투여 여부, DSMB(독립데이터심의위원회) 판단 여부

4) 유효성 부족

ORR·PFS·OS 등 지표가 목표치 미달, 경쟁 약물 대비 열위, 환자반응률 낮음

5) 전략적 중단

자금 확보 실패, 다른 파이프라인 우선, 경쟁 환경 변화, 전임상·

CMC 실패

"전략적 중단"은 과학적 실패가 아님. 기사 표현에 "과학적 실패 단정" 금지.

6) 정식 규제기관(CDSCO·FDA·EMA) 발표 여부확인

기업 발표만으로 쓰지 말고 규제기관 공고·중단 지시 여부 반드시 확인.

7) 영향

기업 실적·주가, 경쟁 약물 시장 판도, 환자 치료 옵션 감소, 기술수출 계약 영향, CDMO·CRO 규모 변동

5장

기술 과장·마케팅 검증 루틴

1. 기술 과장 검증의 절대 원칙

마케팅·PR 문구는 '사실'이 아니라 '주장'이다. 기자는 이를 검증하는 사람이다.

1) "세계 최초·최대·혁신"은 모두 자제

- 기업이 과장할 때 가장 자주 쓰는 말 10가지
  세계 최초, 세계 최대, 초거대, 혁신적, 획기적, 압도적, 전례 없는,
  패러다임 전환, 게임체인저

이 단어들은 사실 검증과 수치가 없으면 사용해서는 안 된다.

2) 기술 자료는 "비교 대상·데이터·평가 기관"이 있어야 한다

- 예: "경쟁사 대비 2배 빠른 GPU 성능" → "어떤 경쟁사? 어떤 테스트? 어떤 벤치마크?"
- "세계 최고 효율" → 국제시험기관 인증 필요

3) 'PR 문구'는 기사에 직접 싣지 않는다

"혁신적인 AI 기술" → X

"매개변수 400억 개 모델이라고 설명했다" → O

기사는 기업의 언어를 '관찰된 사실'로 변환해야 한다.

2. '세계 최초·혁신·초거대AI' 표현 검증 루틴

테크부 기사에서 가장 많이 등장하는 과장영역 3대 분류

1) "세계 최초" 검증 절차(6단계)

① 국내외 학계·산업례 검색

구글, 스탠퍼드 HAI 인덱스, IEEE/ACM, 미국·EU·중국 기업 사례

→ 유사 기술·서비스가 존재하는지 확인

② "세계 최초"의 기준을 요구

어떤 기준에서 세계 최초인지 질문해야 한다. 상용화시험 성공 실
사용 인증 획득 여부, 특정 시장(의료·금융) 한정 여부

③ 기술의 범위 축소 여부 확인

기업은 종종 자의적으로 범위를 좁혀 '세계 최초'를 만든다.
예: "국내 중소기업 기준 세계 최초", "주요국 기준" 등.

④ 국제 인증·승인 확인

FDA/CE/IEEE/ITU → 인증이 없으면 "세계 최초"라 쓰기 어렵다.

⑤ 해외 언론·논문 비교

해외 동종 기술이 이미 있는 경우 "세계 최초" 사용 금지.

⑥ 대안 표현

"기업은 세계 최초라고 주장했다"

"회사 측은 자사 기술이 업계 최초라고 설명했다"

기자는 결코 직접 단정하지 않는다.

2) "혁신·게임체인저" 검증 절차

① 기존 기술 대비 차이를 수치로 요구

- 얼마만큼 빨라졌는가?

- 얼마만큼 비용이 낮아졌는가?

- 오류율 감소율/처리량 증가율

- 수치 없는 '혁신'은 기사가 아닌 광고다.

② 경쟁사 대비 비교 자료 요청

  - N사·A사·G사 벤치마크

  - 오픈소스 모델 비교

  - 테스트 환경 명시

③ 외부 평가 기관의 보고서 확인

  - 시장조사기관(Gartner, IDC, TrendForce)

  - 학계 벤치마크(MMLU·HELM 등)

  - 공인 시험기관(KTL, KTR)

④ 기술 한계 병기

  기업이 언급하지 않는 한계를 반드시 기사에 포함

  예: "다만 GPU 사용량이 높아 비용은 늘어날 수 있다", "정확도는
      높지만 편향 문제는 남아 있다"

C) "초거대 AI·초대규모 LLM" 검증 절차

기업이 가장 과장하는 영역이 '파라미터 수·초거대·국내 최대·세계적 성능'이다.

① '초거대' 기준 요구

　업계 일반 기준

　- 10B(100억) 이상: 대형 모델

　- 70B~300B: 초거대 모델

　- 1T+ 모델: 초초거대(거의 없음)

　→ 기업이 말하는 '초거대'가 무엇을 의미하는지 검증

② 파라미터 vs 성능 구분

　파라미터 수가 많다고 성능이 높은 게 아니다. 기사에서는 "파라미터는 크지만 실제 성능은 벤치마크에서 상대적으로 낮다" 같은 문장을 반드시 넣어 '과대 포장'을 잡아야 한다.

③ 벤치마크 비교

　LLM 검증 시 필수 지표, MMLU, HellaSwag, GSM8K, TruthfulQA, HumanEval

　기업 성능 발표는 '테스트 환경·데이터셋·파라미터 비공개'인 경우가 많아 → 반드시 벤치마크 기준 공개 여부 확인.

④ 학습 데이터·튜닝 방식 확인

- 언어별 비중, 한국어 비중, 도메인 데이터, RAG. LoRA. 프롬프트 튜닝 방식.
- 기업은 이 정보를 모호하게 공개하는 경향이 있음.
- 기자는 "구체적 정보 비공개"를 기사에 병기해야 한다.

⑤ 비용·인프라 구조 확인

- GPU 종류(H100, GB200 등), 학습 규모, 전력 사용량, 데이터센터 위치, 트레이닝 기간
- LLM은 비용이 핵심이므로 기업 설명을 그대로 쓰지 않는다.

3. 기업 PR 자료의 포장 벗기기

보도자료는 광고가 아니다. 기자는 "제거해야 할 표현"을 구분해야 한다.

A) PR 자료 분석 루틴

① 주장을 분리하라

보도자료는 보통 3가지 층위로 구성.

- 사실: 출시·금액·성능 수치
- 설명: 기술 구조
- 주장: 혁신·세계 최초·최대

기자는 사실만 기사에 반영하고 '주장'은 반드시 기업 설명 형태로 변환해야 한다.

② 수치·증거·비교 여부 확인

보도자료 문장을 아래처럼 분해한다.

- 수치가 있는가?
- 어떤 벤치마크인가?
- 경쟁사와 비교했는가?
- 외부 기관이 검증했는가?
- 표본이 무엇인가?

③ PR에서 숨기는 '한계'를 찾는다
- 기업은 다음 정보를 거의 밝히지 않는다.
- 비용 증가, 에너지 사용량 증가, 정확도·재현율 낮은 영역, 데이터 품질 문제, 시연 vs 실제 환경 차이.
- 기사에서는 "하지만 이 기술은 ○○ 한계가 있다는 지적도 있다"

문장으로 반드시 보완해야 한다.

④ "광고 문구" 부분 제거

　- 보도자료 단골 표현:

　혁신적, 압도적, 독보적, 획기적, 차별화된, 미래형, 전례 없는

이 단어가 나오면 PR 문구임을 의미한다. 기사는 "회사 측은 자사 기술이 기존보다 ○○% 향상됐다고 설명했다" 형식으로 변환해야 한다.

⑤ 용어 재확인

　- 보도자료는 종종 기술 용어를 부적절하게 사용한다.
　- 예: "GPU 클러스터 상으로 AI 에이전트가 동작한다" → 실제는 inference farm일 가능성
　"양자 암호화 통신" → QKD와 혼용된 마케팅 표현일 수도
　"5G 전용망" → 사실은 프라이빗 LTE일 가능성

기자는 반드시 기술부 엔지니어·정책 담당자에게 재확인해야 한다.

4. 기술 과장 위험 신호 리스트

"경쟁사 대비 압도적", "세계 최초·최대", "혁신적 AI 기술", "독보적 기술력 확보", "세계 시장을 선도할 기술", "국내 유일", "초거대"(파라미터 기준 불명), "양자 기술 적용"(양자·양자내성·QKD 혼용 주의), "메타버스 기반 차세대 플랫폼"(실사용성 모호), "블록체인 혁신"(토큰·체인 구조불명)

6장

글로벌 자료·보고서 활용법

1. 글로벌 자료를 다룰 때의 3대 원칙

1) '기관별 역할·제공 데이터의 차이'를 이해하라

Gartner: 기술 트렌드·기업 평가·전략 보고서 중심

IDC: 출하량·시장 점유율 등 정량 데이터 중심

CB Insights: 스타트업·자본·딜 흐름 중심. 어떤 자료를 쓰는지에 따라
기사가 완전히 달라진다.

2) 보고서는 반드시 '원본' 기준으로 인용

기업 보도자료·2차 언론 기사만 참고하면 오류 발생. 그래서 기자는
원문 PDF·사이트 공식 자료를 확인해야 한다.

3) 수치·정의·기간을 정확히 명시해야 한다

기간: 분기(Q1·Q2)인지 연간인지

지역: 글로벌·북미·APAC·한국

정의: '출하량', '판매량', '활성 사용자(MAU)' 구분

단위: %, 백만대, 건, 달러 표시

2. Gartner 활용법

기술·기업 전략 분석에서 가장 많이 인용되는 기관

1) Gartner의 자료 구조 이해

Gartner 자료는 크게 4종류로 나뉜다.

① 매직쿼드런트(Magic Quadrant)
기업 기술 역량·비전을 4사분면으로 평가.

• 기자 포인트
기업이 MQ '리더'라고 주장하면 반드시 '평가 기준'을 확인해야
함. 특정 지역·특정 산업용 MQ인지(예: APAC 클라우드, 의료 AI
MQ)

② 하이프사이클(Hype Cycle)

- 기술 성숙도 곡선

  Innovation Trigger/Peak of Inflated Expectations, Trough of Disillusionment, Slope of Enlightenment, Plateau of Productivity

- 기자 활용 포인트

  기술 과장·투자 과열 기사를 쓸 때 가장 효과적. 기술이 어떤 단계인지 확인하면 '현실성 검증' 가능.

③ 시장 점유율 보고서

  AI·클라우드·데이터센터 등 세부 시장 분석

  연간·분기 기준, 기자 체크, 시장 규모(USD 기준), 성장률, 상위 5대 기업 점유율, 변동원인

④ 전망·전략 보고서

  AI 트렌드 10선, IT 투자 전략 등. 단, 전망은 기사에서 직접 단정으로 쓰지 않는다.

  → "가트너는 …으로 전망했다"고 출처 명확히.

3. IDC 활용법

정량 데이터(출하량·매출·점유율) 분석의 '정석'

IDC 자료 특징

PC·스마트폰·서버·스토리지 등 ICT 카테고리별 출하량·시장 점유율 가장 정확

분기별 데이터 제공, 지역(글로벌·국가별) 분리 제공

IDC 인용 시 반드시 확인할 항목

- 기준 기간(Q1, Q2 등) 출하량 vs 판매량 차이
- 지역 구분(글로벌/한국/중국), YoY(연간) vs QoQ(분기) 성장률
- 상위 기업 Top5 목록, 시장규모 단위(백만대·억달러)

예시 문장 템플릿

"IDC에 따르면 올해 3분기 글로벌 PC 출하량은 약 6,400만대로 전년 대비 7% 증가했다."

이렇게 정확히 '기간·단위·기관'이 모두 나와야 한다.

4. CB Insights 활용법

스타트업·기술혁신·투자 흐름 기사에서 압도적으로 유용

1) 자료 유형

- 시장 지도(Market Map): 특정 분야 스타트업 지도
- 딜리포트(Deals): 투자금·M&A·상장 데이터, 산업 분석보고서, 유니콘 기업 목록

2) 기자가 CB Insights를 활용하는 주요 방식

- 어떤 기술 분야(예: AI 에이전트·자율주행 센서)에 누가 투자했는지 파악
- M&A 규모·지역별 투자 감소/증가 확인
- 기술 '버블 여부' 판단에 유리
- 유니콘 기업의 시장 확장·IPO 가능성 보도

3) 체크 포인트

Total Funding(누적 투자액), Deal Count(투자 건수), Median Deal Size (중간값), Region Trends(미국/유럽/아시아 비교)

5. 논문 검색법(학술 연구 활용)

논문은 "최초 확인 → 제목 → 초록 → 한계 → 연구기관" 순으로 읽는다.

1) 논문 검색 툴

Google Scholar, arXiv(AI·물리·수학 중심), PubMed(의학·바이오), Nature, Science. Springer, IEEE Xplore(전자·AI·통신)

2) 논문을 빠르게 읽는 프로세스

① 제목

　문제 정의·연구 영역 파악

② 초록(Abstract)

　연구 목적·방법·결과·결론 요약

③ 방법(Method)

　데이터 출처·실험 구조·통계 기법 확인

④ 결과(Result)

　수치·그래프·표를 중심으로 파악

⑤ 논의(Discussion)

　기자에게 가장 중요한 부분: 저자들이 스스로 밝힌 한계점이 들어 있음

⑥ 저자·기관·Funding

연구 기관의 이해관계 가능성 확인

3) 논문 인용 시 주의

- 동물 실험(전임상)인지, 사람 임상인지, 데이터 규모, 재현성, 통계적 유의성(P-value)
- 잘못된 논문 인용은 기사 신뢰도에 큰 타격.

6. 특허 검색법

특허는 기술 방향성·기업 전략을 가장 빨리 알려 주는 자료.

1) 특허 검색 툴

Google Patents, WIPO Patentscope, USPTO(미국 특허청), KIPRIS (한국 특허정보원)

2) 특허 문서 읽는 핵심 포인트

- 출원일: 실제 기술 개발 시점파악 가능. 발표 시점과 1~3년 차이날 수 있음
- 출원인: 기업 내부 어떤 부서인지, 연구소, 사업부 파악 가능

- 청구항: 특허 보호 범위. 기술이 무엇을 목적하는지 핵심
- 요약: 기술 목적·핵심 구조 요약
- 도면: 기술의 실제 구조·물성 파악 가능

3) 특허 기사 작성 팁

특허 출원=제품 출시 아님

특허 보유=기술 완성 아님

유사 특허와 비교해야 기술 가치 판단가능.

"A사는 ~처럼 보인다"식 예단 금지

7. 글로벌 자료 인용 시 기사 작성체크리스트

- 기관·보고서명 정확히 명시

  "Gartner의 '2024년 AI 하이프사이클' 보고서에 따르면…"
- 기간·단위 정확히

  "2023년 4분기 기준", "전년 대비", "억 달러 규모"
- '기관 전망'과 기자의 분석 구분

  전망은 "~로 전망했다". 분석은 기자의 판단을 데이터와 함께 서술
- 2개 이상의 기관 교차 확인

  IDC·TrendForce·Omdia 등 → 데이터의 신뢰도 상승

- 해외 표현 그대로 번역 금지

  예: Hype → "기대 과열 구간" 등 설명 필요

8. 활용 예문 모음

1) Gartner MQ 인용

"가트너는 '2024 클라우드 보안 MQ'에서 A사를 리더로 평가했다. 다만 기술 실행력과 고객 지원 항목에서 경쟁사 대비 점수 차이가 크지 않은 것으로 나타났다."

2) IDC 출하량 기사

"IDC에 따르면 올해 1분기 글로벌 서버 출하량은 약 320만대로 전년 대비 9% 감소했다. AI 서버 비중은 18%로 확대됐다."

3) CB Insights 활용

"CB 인사이츠는 2024년 전 세계 생성형 AI 투자액이 230억달러로 전년 대비 40% 증가했다고 밝혔다."

4) 논문 인용

"해당 연구는 120명 규모의 소규모 임상이어서 일반화에는 한계가 있다고 저자들은 밝혔다."

5) 특허 기사

"특허 출원은 제품 출시 여부를 의미하지 않으며, 보호 범위는 청구항에서 규정된다."

4부

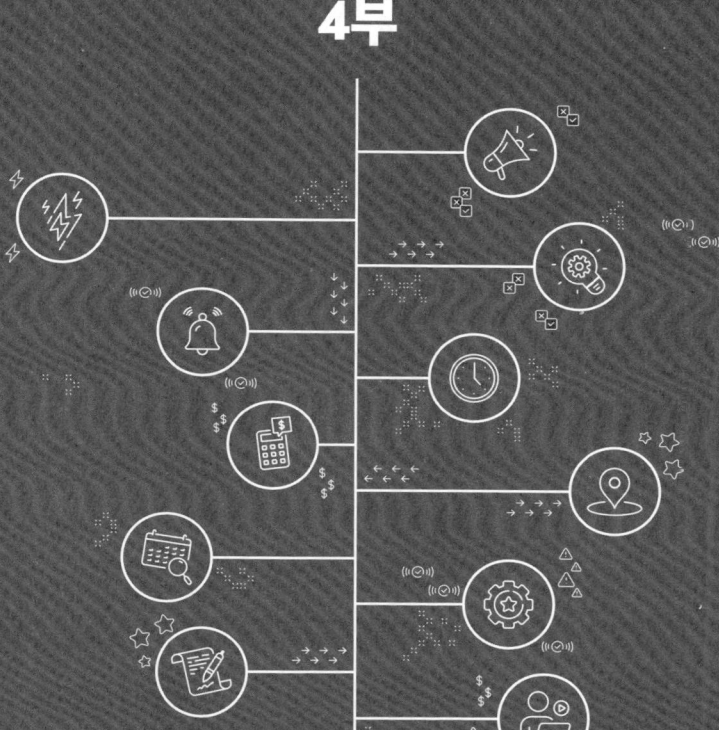

기사 작성
스타일북

1장

문장 스타일 기준

1. 테크부 문장 스타일의 기본 철학

사실·정보·구조 중심. 감정·평가·추정은 배제.

1) 정보 중심

모든 문장의 목적은 하나다. 독자에게 정보를 가장 빠르고 정확하게 전달하는 것 → 문장 구조는 "주어-핵심 사실-근거·수치" 순으로 정리

- 예: "네이버는 28일 의료 특화 AI 모델 'Kmed.ai'를 공개했다."

2) 중립적

판단·평가·주관 표현 금지.

- 예: "업계 최고의 성능", "파격적인 정책" → 수치·자료 중심으로만 서술.

3) 단정적

불필요한 타협형 표현 제거. "~한 것으로 보인다", "~라는 의견도 있다"는 근거가 있을 때만 사용. → 공식 발표·확인된 데이터는 단정형으로 로 작성.

- 예: "정부는 3G·LTE 주파수 재할당안을 국회에 보고했다."(O)/"정부가 보고한 것으로 알려졌다."(X)

2. 자제할 표현(의인화·과장·모호한 형용사)

1) AI·과학 기술에서 금지된 의인화 표현

AI·모델·로봇·시스템은 인간처럼 표현하면 안 된다.

- 예시: "AI가 생각했다"

  "모델이 판단했다"

  "알고리즘이 악의를 가졌다"
- 대체 표현

"모델은 입력 값에 따라 결과를 출력했다."

"AI는 특정 패턴을 기반으로 분류했다."

"모델은 데이터셋 기준으로 감정 범주를 추정했다."

2) 기술 문장에서 피해야 할 과장 표현

테크 기사에서 자제하는 표현: "혁신적", "압도적", "세계를 뒤흔들", "전례 없는", "초유의", "완전히 새로운", "미래를 바꿀", "말도 안 될 수준의 기술력", "세계 최고". 이 표현은 PR·광고 영역에 가깝기 때문에 금지.

3) 모호한 형용사·부사 자제

"상당한 수준", "꽤 많은", "매우 빠른", "상당히 높은", "크게 증가" → 정확한 수치로 대체.

- 예: "MAU가 크게 증가했다"(X), "MAU가 전월 대비 32% 증가했다"(O)

3. 문장 구조 규칙

1) 한 문장 = 한 정보

테크 기사는 정보 밀도가 높으므로 한 문장에 2개 이상의 사실을 넣지 않는다.

- 잘못된 예: "정부는 주파수 재할당안을 보고했고, 5G SA 의무도 추진하며 이르면 다음달 시행할 계획이다."
- 수정 예: "정부는 3G·LTE 주파수 재할당안을 국회에 보고했다.", "정부는 5G SA 도입을 의무 요건으로 포함했다.", "시행 시점은 빠르면 다음 달이다."

2) 문장은 "주어-핵심 사실-구체 정보" 구조

가장 단순한 구조가 가장 정확하다.

- 예: "카카오는 AI 챗봇 '챗봇나우' 누적 이용자가 500만명을 돌파했다고 밝혔다."

3) 인용문은 "주체-내용" 순

- 예: A회사 관계자는 "구체적인 피해 규모는 조사 중"이라고 말했다. 과기정통부는 "정확한 원인은 확인되지 않았다"고 설명했다.

4) 수치·단위·기간은 문장 앞부분에 배치

독자가 핵심 정보를 빠르게 인식하도록.

- 예: "올해 3분기 글로벌 서버출하량은 320만대로 전년 대비 9% 감소했다."

5) 기술 설명 문장은 반드시 '원리→기능→제약' 순서

- 기술 기사 구조
  원리(어떻게 동작하는가), 기능(무엇을 할 수 있는가), 제약(어떤 한계가 존재하는가)
- 예: "LLM은 대규모 텍스트 데이터를 기반으로 다음 단어를 예측하는 구조다.
  이 모델은 특정 업무 문장을 생성할 수 있지만, 사실 검증 기능은 갖추지 않는다."

4. 독자 친화적 기술 설명법

1) 기술 개념을 비유로 설명하지 않는다

테크 기사는 과학적 정확성이 핵심이므로 비유·스토리텔링보다 정확한 구조설명이 우선이다.

- 예: "AI는 뇌처럼 생각한다." → "AI는 대규모 데이터의 확률적 패턴을 기반으로 문장을 생성한다."

2) 용어는 한 번만 정의하고 반복사용

- 예: "비지도학습(레이블이 없는 데이터를 학습하는 방식) 모델은…" → 이후부터는 "비지도학습 모델"로 사용.

3) 개념은 최대 3단계까지만 설명

독자가 이해 가능한 최대 단계는 3층 구조.

- 예:
  - 1단계: "RAG는 외부 지식 검색을 결합한 모델 구조다."
  - 2단계: "모델은 쿼리에 맞는 문서를 검색한 뒤, 그 결과를 생성단계에 사용한다."
  - 3단계: "주요 단계는 검색·재구성·생성 세 과정이다."

4) "핵심 기능" 중심으로 설명

기술 기사에서 불필요한 내부 구조 설명은 오히려 혼란을 유발.

- AI 에이전트 설명 시
  - 잘못된 예: 세부 파이프라인·세션 메모리·토큰 흐름까지 상세설명

- 올바른 예: "사용자 지시를 바탕으로 단계별 작업을 자동 실행하는 방식이다."

5) 제약·한계 반드시 병기

테크 기사에서는 장점만 적으면 광고가 된다.

- 예: "다만 한국어 데이터가 부족해 일부 응답은 부정확할 수 있다."
  "실제 환경에서는 비용이 증가할 가능성이 있다."

5. 문장 교정 실전 예제

비판적 테크 기사

"AI가 인간처럼 사고한다."(X)
"AI 모델은 입력된 정보를 기반으로 확률적으로 결과를 생성한다."(O)

규제 기사

"정부가 규제를 대폭 강화할 전망이다."(X)
"정부는 인공지능 규제안을 마련해 국회에 제출했다."(O)

빅테크 기사

"플랫폼 기업이 시장을 지배하고 있다."(X)

"업계 1위 업체의 시장 점유율은 62%로 경쟁사 대비 높다."(O)

바이오 기사

"약효가 거의 없는 것으로 드러났다."(X)

"임상 결과 목표 지표인 ORR은 충족하지 못했다."(O)

우주 기사

"발사체가 공중에서 폭발했다."(X, 정확한 원인 확인 전 금지)

"2단 점화 구간에서 이상이 발생했다고 당국은 설명했다."(O)

2장

제목 작성법

1. 제목 작성의 3대 원칙

1) 팩트 중심·단정적·불필요한 수식어 금지

- "혁신·세계 최초·충격·파격" 같은 감정·과장형 금지
- "기술명·기관명·수치" 중심으로 구조화
- 제목에서의 예단·전망 금지

2) 핵심 사실은 제목 전반부에 배치

- 기술·정책·보안 등 대부분의 테크 기사는 독자가 가장 먼저 알아야 할 '핵심 사실'을 앞에 둔다.
- 예: "정부, 3G·LTE 재할당안 국회 보고"
  "네이버, 의료 특화 LLM 'Kmed.ai' 공개"

3) 독자가 궁금해 하는 '차이·변화·규모'를 명확히 제시

- 포털 CTR 상위 제목의 공통 특성은 "변화"가 앞에 있다.
- 예: "5G SA 의무화 포함…재할당 조건 공개"

  "AI 챗봇나우 500만명 돌파…이용 패턴 변화"

2. 플랫폼별 제목 최적화 규칙

네이버·카카오·구글 디스커버는 CTR 알고리즘이 다르다.

1) 네이버 뉴스

"명확성·핵심 정보·실체적 사실"을 가장 중시

규칙 ① 첫 단어는 기관·기업·정책 키워드

　　　네이버 알고리즘은 "정보처리 우선"을 선호.

　　　예: "정부, 5G SA 의무화…"

　　　"네이버, 의료 AI 공개…"

　　　"넷마블, 611만명 정보 유출…"

규칙 ② 구체적 수치 포함 시 CTR 상승

　　　"출하량 9% 감소"

　　　"500만명 돌파"

"4차 발사 성공"

규칙 ③ 과장 금지 → 품질 점수 하락

"세계 최고"/"파격"/"초유의"

→ 네이버 품질 평가에서 불이익

규칙 ④ 정치·정책·규제는 주체 + 조치 + 대상 구조

예: "과기정통부, 3G·LTE 재할당안 보고… SA 의무 포함"

B) 카카오 뉴스·다음

카카오는 '이슈 중심·대조 구조·사회적 관심사' 선호

규칙 ① 제목에 "대조·충돌" 구조를 넣으면 CTR 상승

예: "이날 네이버·두나무 잔칫날… 업비트 해킹 발생"

"출하량 늘었는데…수익은 감소"

규칙 ② 인물·기업 대립구도 제시

예: "정부·업계 줄다리기…주파수 조건 공개"

"AI 규제 충돌…정부·업계 입장차"

규칙 ③ 보안·사고 기사 CTR 강함

사고성 키워드: '해킹'/'장애'/'유출'/'중단'. 높은 반응률 → 정확성 필수

C) 구글 뉴스·구글 디스커버

'검색성(SEO) + 키워드 매칭 + 정보량' 최우선

규칙 ① 정확한 고유명사·기술명을 제목 앞부분에 포함

    예: "누리호 4차 발사 성공…"

    "Kmed. ai 공개…"

    "라자루스 의심 해킹…"

    구글은 고유명사를 '검색 신호'로 인식.

규칙 ② 구체적 변화·조치·결과 명시

    예: "3G 주파수 1년만 사용…반납 옵션 제시"

    "넷마블 611만명 유출…신고 시점 논란"

규칙 ③ CTR 높이는 구조

    "무엇이 달라졌나"

    "왜 문제인가"

    "어떤 조치가 나왔나"

    예: "5G SA 의무화…무엇이 달라지나"

    "데이터센터 규제 완화…남은 문제는"

3. 분야별 제목 템플릿

A) 기술(AI·반도체·클라우드) 제목 템플릿

1) 기술 발표·출시형

"A사, ○○ 기술 공개… 핵심은 △△"

"○○ 모델 출시… 성능·비용 구조는"

2) 성능·개선형

"○○ 정확도 20%↑ … 기술 구조 공개"

"○○ 처리속도 2배… 원리는"

3) 산업 영향형

"○○ 도입 확산… 업계 변화는"

"AI 도입 늘자 GPU 수요 급증"

4) 기업 경쟁형

"구글·MS, ○○ 분야 경쟁 심화"

"삼성·TSMC 2nm 경쟁… 차이는"

B) 정책·규제 제목 템플릿

1) 정부 발표형

"정부, ○○ 정책 발표… 핵심 기준은"

"과기정통부, ○○안 보고… 달라지는 점"

2) 국회 논의형

"국회, ○○ 법안 심사… 쟁점은"

"상임위, ○○ 조항 조정…"

3) 규제 영향형

"○○ 규제 도입… 업계 영향은"

"인앱결제법 시행… 변화는"

C) 보안·사고 제목 템플릿

1) 해킹 사고형

"○○ 해킹… 피해 규모는"

"라자루스 의심 공격… 당국 조사"

2) 장애·중단형

"○○ 서비스 장애… 복구 진행 중"

"데이터센터 전력 이상… 기업들 영향"

3) 보안 패턴 분석형

"북한 해커 ○○ 방식 확대… 특징은"

"스피어피싱 증가… 주의 필요"

D) 바이오·임상 제목 템플릿
1) 임상 결과형

"○상 결과 발표… 주요 지표는"

"ORR·PFS 공개… 성과·한계는"

2) 승인·허가형

"FDA, ○○ 승인… 국내 영향은"

"EMA, ○○ 검토 착수"

3) 중단·부작용형

"임상 중단… 안전성 이슈는"

"투약 중단… 기업 설명은"

E) 우주·항공 제목 템플릿
1) 발사·성공형

"누리호 ○차 발사 성공… 의미는"

"민간 발사체 ○○ 발사 준비"

2) 실패·이상 징후형

"2단 점화 구간 이상… 원인 조사"

"탑재체 분리 실패… 기관 대응"

3) 정책·산업 변화형

"우주청, ○○ 예산 확대… 변화는"

"글로벌 우주시장 경쟁 심화"

4. 고급 제목 전략

1) "사실 + 변화 + 맥락"의 3단 구조

- 사실: 무엇이 발생했나
- 변화: 무엇이 달라졌나
- 맥락: 왜 중요한가
- 예: "데이터센터 규제 완화…전력·노동 규제는 그대로"

2) 검색 키워드를 겹치게 배치

- 예: "네이버·두나무 결합…업비트 해킹 발생"

  → 네이버 / 두나무 / 업비트 / 해킹

4개 주요 검색어를 한 번에 활용

3) CTR 높이는 단골 구조

"ㅇㅇ… 이유는"

"ㅇㅇ… 무슨 의미인가"

"ㅇㅇ… 주요 내용은"

의견·평가 넣지 않고 사실 기반만으로 구성

5. 제목 자제 규칙

- '충격·경악·초유의·세계 최고' 과장 자제
- 전망형 사용 자제("할 전망"은 공식 자료 있을 때만)
- 기업 PR 문구 그대로 사용 자제
- 의인화 자제(AI가 생각·판단 등)
- 모호 표현 자제(상당한·대폭·빠른 등)
- 카더라 인용 자제
- 자의적 범위 축소 자제(국내 일부·특정 조건 등)
- 특정 기업에 유리한 의도성 제목 금지

3장

리드 작성법

1. 좋은 리드의 3대 원칙

테크 기사 리드는 '사실 중심·평이한 문장·맥락 있는 정보 전달'이 핵심.

1) 배경·상황을 가장 평이하게 제시한다

첫 문장은 반드시 '사건·발표·변화'를 직관적으로 적는다. 전문용어· 해석이 필요한 개념은 두 번째 문장 이후에 배치.

- 예: "정부가 3G·LTE 주파수 재할당안을 국회에 보고했다."
  "네이버가 의료 특화 인공지능 모델을 공개했다."
  "넷마블에서 611만명 규모의 정보 유출이 발생했다."

→ 첫 문장은 단순·직설·중립적.

2) 쟁점과 변화의 '핵심 축'을 분명히 한다

두 번째·세 번째 문장에서 독자가 궁금해 하는 '핵심 변화'나 '논란'을 바로 제시한다.

- 예: "이번 안에는 5G SA 의무화 조항이 포함돼 업계가 주목한다."
  "의료 AI는 실제 진료에 적용될 수 있는지 논란이 이어지고 있다."
  "신고 시점이 71시간 늦어졌다는 지적이 나오고 있다."

3) 데이터·수치를 빠르게 제시해 신뢰를 확보한다

정보 밀도가 높은 테크 기사에서는 리드 초반에 수치·정책 용어·기술 개념을 넣어 신뢰도를 높인다.

- 예: "출하량은 전년 대비 9% 감소했다."
  "피해 규모는 휴면 계정을 포함해 611만 명으로 파악됐다."
  "AI 모델 크기는 70억 파라미터다."

2. 테크부 리드 구조:
'배경 → 쟁점 → 데이터 → 핵심 문장'

테크 기사는 정보량이 많아 구조적 리드가 필요하다.

1) 배경

사건·발표·변화의 '기본 사실' → 가장 단순한 문장으로 작성 → 날짜·주체·행동 3요소 포함

- 예: "정부가 올해 3G·LTE 주파수 재할당안을 공개했다."
  "누리호 4차 발사가 성공했다."

2) 쟁점

독자의 관심도를 끌어올리는 문제 제기 → 갈등·논쟁·정책 변화·기술적 한계

- 예: "5G 품질 문제 해결여부가 다시 논란이 되고 있다."
  "신고 시점이 늦어졌다는 지적이 제기된다."

3) 데이터

핵심 수치·정책 기준·기술 구조 등 → 리드 후반부에 간단히 추가

- 예: "전년 대비 9% 감소한 수치다."

  "피해 규모는 611만명으로 집계됐다."

4) 핵심 문장

기사 전체 방향 제시 → 요약·해석 없이 '사실 기반 핵심'만 쓴다 → "이 문제를 둘러싼 핵심 쟁점을 살펴봤다" 형태 가능

- 예: "이번 결정이 통신 품질개선에 어떤 영향을 미칠지 관심이 모인다."

3. 리드 작성 절차

1) 핵심 사실을 20자 내로 정리
- 예: "정부, 주파수 재할당 발표"

2) 독자가 궁금해할 쟁점 1~2개 도출
- 예: "SA 의무 포함 여부", "요금 인상 영향"

3) 확인된 수치·데이터 확보
- 예: "611만 명", "출하량 9% 감소"

4) 전문용어·배경 설명을 2~3단계 후로 배치

첫 문장에는 넣지 않음.

5) 첫 문장은 무조건 '평이하고 단정하게'

명확한 주어, 단일 사실, 짧은 문장, 감정·평가 금지

6) 두 번째·세 번째 문장에서 쟁점·맥락 제시

논란, 정책 변화, 기술적 문제, 시장 영향

7) 마지막 문장으로 '기사 전체 방향'을 제시

분석한다, 정리했다, 확인했다 → 오직 사실기반 문장만 사용

4. 분야별 리드 템플릿

A) 기술(AI·반도체·클라우드) 리드 템플릿
1) 기술 발표형

- 1문: A사가 ○○ 기술을 공개했다.
- 2문: 이번 기술은 △△ 문제 해결 여부가 쟁점이다.
- 3문: 성능은 ○○ 기준 △% 개선됐다.
- 4문: 기술 구조와 산업 영향 등을 정리했다.

2) 산업 변화형

- 1문: ○○ 시장이 △△ 흐름을 보이고 있다.
- 2문: 기업들은 비용·성능 문제로 전략을 조정하고 있다.
- 3문: IDC는 출하량이 ○% 증가했다고 밝혔다.
- 4문: 변화 배경과 전망을 살펴봤다.

B) 정책·규제 리드 템플릿

1) 정부 발표형

- 1문: 정부가 ○○ 정책을 발표했다.
- 2문: 핵심 쟁점은 △△ 조항이다.
- 3문: 적용 대상·기준은 ○○이다.
- 4문: 정책 변화가 산업계에 미칠 영향을 살펴봤다.

2) 국회 논의형

- 1문: 국회가 ○○ 법안을 심사했다.
- 2문: 여야는 △△ 조항을 두고 의견이 갈렸다.
- 3문: 전문위원 검토에 따르면 ○○ 문제가 지적됐다.
- 4문: 향후 절차를 정리했다.

C) 보안·사고 리드 템플릿

1) 해킹 사고형

- 1문: ○○에서 해킹 사고가 발생했다.
- 2문: 피해 규모는 △△명으로 파악된다.
- 3문: 신고 시점·침해 유형 등이 쟁점이다.
- 4문: 기업과 당국 대응을 정리했다.

2) 서비스 장애형

- 1문: ○○ 서비스에 장애가 발생했다.
- 2문: 이용자 불편이 이어지며 원인 파악이 진행 중이다.
- 3문: 장애는 ○○ 구간에서 확인됐다.
- 4문: 기업 대응과 재발 방지책을 살펴봤다.

D) 바이오·임상 리드 템플릿

1) 임상 결과형

- 1문: A사가 ○○ 치료제 임상 결과를 공개했다.
- 2문: 주요 지표는 △△로 목표치 충족 여부가 관심이다.
- 3문: 안전성 데이터는 ○○로 나타났다.
- 4문: 임상 결과의 의미와 향후 절차를 정리했다.

2) 중단·부정적 이슈

- 1문: A사가 ○○ 임상을 중단했다.
- 2문: 중단 이유는 △△으로 확인됐다.
- 3문: 환자 수·지표·안전성 데이터가 공개됐다.
- 4문: 시장과 업계의 반응을 정리했다.

E) 우주·항공 리드 템플릿

1) 발사·성공형

- 1문: 누리호 ○차 발사가 성공했다.
- 2문: 이번 발사는 △△ 기술 검증이 핵심이다.
- 3문: 궤도 투입 등 주요 수치는 ○○로 확인됐다.
- 4문: 성공 의미와 후속 절차를 정리했다.

2) 이상·실패형

- 1문: ○○ 발사 과정에서 이상이 발생했다.
- 2문: 문제는 △△ 구간에서 확인됐다.
- 3문: 원인은 조사 중이며 탑재체 상태는 확인되고 있다.
- 4문: 기관 대응과 후속 조치를 살펴봤다.

5. 실전 리드 예제

1) 보안 사고형

넷마블에서 대규모 정보 유출 사고가 발생했다. 피해 규모는 휴면 계정을 포함해 611만명으로 확인됐다. 신고 시점이 늦어졌다는 지적이 나오고 있다. 사고 배경과 기업·당국 대응을 정리했다.

2) 기술 발표형

네이버가 의료 특화 AI 모델을 공개했다. 실제 진료 적용 가능성을 두고 업계에서 관심이 쏠린다. 주요 지표는 공개되지 않았지만, 서울대병원과 협업해 성능을 검증했다. 기술 구조와 평가 내용을 살펴봤다.

3) 정책 발표형

정부가 3G·LTE 주파수 재할당안을 공개했다. 5G SA 의무화 조항이 핵심 쟁점이다. 재할당 조건과 적용 대상은 이날 국회에 보고됐다. 주요 내용을 정리했다.

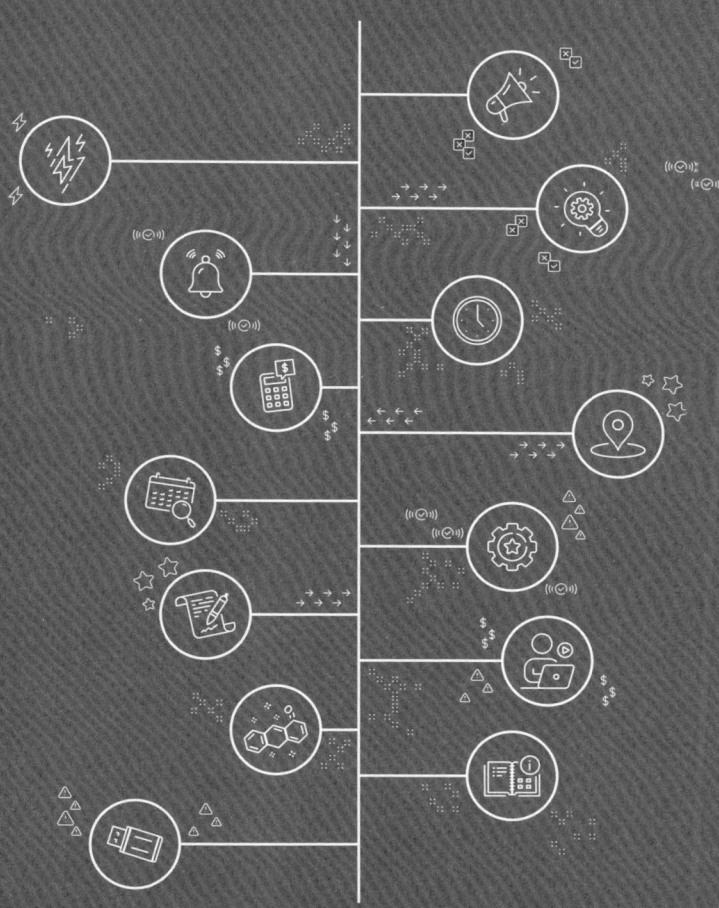

5부

테크부 기사 템플릿

1장

AI 신제품 발표 기사 템플릿

1) 제목 템플릿

"A사, AI ○○ 공개⋯ 핵심 기능은"

"A사, ○○ LLM 출시⋯ 성능·한계는"

2) 리드 템플릿

- 1문: A사가 AI 기반 ○○ 신제품을 공개했다.
- 2문: △△ 기능·성능이 핵심 쟁점이다.
- 3문: 주요 수치는 ○○로 제시됐다.
- 4문: 신제품 구조와 평가내용을 정리했다.

3) 본문 구조

① 발표 사실

- 날짜·장소·제품명/공개된 기능·용도

② 기술 구조

- 모델 크기·데이터셋·추론 방식/RAG·에이전트·API 여부

③ 성능 수치

- 정확도·속도·비용·유사 모델 비교/벤치마크 여부

④ 한계·쟁점

- 데이터 편향/비용··전력/사용 제약

⑤ 기업·업계 반응

- 경쟁사 동향/향후 일정(확정된 것만)

4) 체크리스트

- 기업 주장과 사실 구분
- 벤치마크 공개여부
- GPU·비용 구조 확인
- 의인화 표현금지

2장

빅테크 전략 발표 기사 템플릿

1) 제목 템플릿

"A사, ○○ 전략 발표… 핵심은"

"네이버·카카오, ○○ 계획 공개"

2) 리드 템플릿

- 1문: A사가 ○○ 전략을 발표했다.
- 2문: 이번 전략의 핵심은 △△이다.
- 3문: 추진 일정·예산 등 주요 수치가 함께 공개됐다.
- 4문: 전략의 의미와 산업 영향을 정리했다.

3) 본문 구조

① 전략 개요

　- 발표 배경/핵심 목표

② 주요 조치

　- AI·클라우드·광고·커머스 등/수치 기반 발표

③ 산업 영향

　- 경쟁 구도 변화/시장 점유율·MAU 추세

④ 학계·업계 반응

　- 전문가 평가/기업 입장 구분

⑤ 후속 일정

　- 발표된 일정만/전망 금지

4) 체크리스트

- "비전·철학"보다 실체적 조치 우선
- 예산·인력·로드맵 명확히
- 경쟁사 비교는 데이터 기반

반도체 실적 기사 템플릿

1) 제목 템플릿

"A사, 3분기 영업익 ○○···반도체 ○○ 회복"

"반도체 매출 △% 증가···HBM 수요 영향"

2) 리드 템플릿

- 1문: A사가 ○○ 실적을 발표했다.
- 2문: 반도체 부문은 △△ 요인이 영향을 미쳤다.
- 3문: 매출·영업이익·설비투자 등이 공개됐다.
- 4문: 반도체 시장 흐름을 정리했다.

3) 본문 구조

① 실적 요약

   - 매출·영업이익·CAPEX

② 부문별 실적

   - 메모리·파운드리·시스템반도체, HBM. DDR. 파운드리 가동률

③ 시장 자료 비교

   - TrendForce·Gartner·IDC, 가격·수요 지표

④ 업계 반응

   - 고객사 수요(클라우드·AI 기업), 경쟁사 비교

⑤ 향후 일정

   - 기 발표된 로드맵만

4) 체크리스트

YoY·QoQ 구분, ASP(평균판매가격) 변동 확인, HBM·AI 서버 수요

4장

통신 주파수·요금제 기사 템플릿

1) 제목 템플릿

"정부, 3G·LTE 재할당안 발표…핵심 기준은"

"○○ 요금제 출시…데이터·가격은"

2) 리드 템플릿

- 1문: 정부가 ○○ 주파수 재할당안을 공개했다.
- 2문: 쟁점은 △△(SA 의무·요금 변화 등)이다.
- 3문: 재할당 조건·가격이 함께 제시됐다.
- 4문: 변화 내용을 정리했다.

3) 본문 구조

① 발표 사실

- 대상 대역·기간·가격 범위

- SA/NSA 구분

② 기술·정책 구조

- RAN·백홀 설명/의무 조건 요약

③ 사업자 영향

- 투자 규모/품질 개선 가능성

④ 이용자 영향

- 요금·품질·실내 서비스

⑤ 국회·업계 반응

- 전문가 의견/절차(국회 보고등)

4) 체크리스트

- 주파수 단위(MHz·GHz)

- 의무인지 권고인지

- 적용 시점

5장

보안 사고
분석 기사 템플릿

1) 제목 템플릿

"○○ 해킹…피해 규모는"

"라자루스 의심…공격 패턴은"

2) 리드 템플릿

- 1문: ○○에서 보안 사고가 발생했다.
- 2문: 피해 규모는 △△로 확인됐다.
- 3문: 침해 유형·신고 시점 등이 쟁점이다.
- 4문: 공격 형태와 대응을 정리했다.

3) 본문 구조

① 사고 개요

   - 발생 시점·피해 범위·유출 정보

② 침해 유형

   - APT·랜섬웨어·스피어피싱

③ 기업 대응

   - 조치 시점·신고 여부

④ 당국 대응

   - KISA·과기부·경찰

⑤ 분석 기관 견해

   - 보안 업체 보고서

⑥ 위험·재발 방지

   - MFA·로그 관리 등

4) 체크리스트

- 비밀번호 해시 여부
- 내부망, 외부망 구분
- 신고 지연 여부

6장

데이터센터 장애 기사 템플릿

1) 제목 템플릿

"○○ 서비스 장애…원인 조사"

"데이터센터 전력 이상…기업들 영향"

2) 리드 템플릿

- 1문: ○○ 서비스 장애가 발생했다.
- 2문: 원인은 △△ 구간에서 확인됐다.
- 3문: 이용자 피해가 이어지고 있다.
- 4문: 기업·당국 대응을 정리했다.

3) 본문 구조

① 장애 개요

   - 시각·구간

② 원인 후보

   - 전력·네트워크·스토리지·API

③ 서비스 영향

   - 로그인·결제·업무 서비스

④ 기업 대응

   - 공지 시점·SLA 보상

⑤ 당국 대응

   - 점검·조사 착수

⑥ 산업 영향

   - 클라우드 의존도/전력·전송망 규제 논쟁

4) 체크리스트

- 시각, 구간 표시
- 복구 시각
- 서비스별 영향

7장

우주 발사 성공/ 실패 기사 템플릿

1) 제목 템플릿

"누리호 ○차 발사 성공…의미는"

"발사 과정이상…원인 조사"

2) 리드 템플릿

- 1문: ○○ 발사가 진행됐다.
- 2문: 성공, 이상 여부가 △△ 구간에서 확인됐다.
- 3문: 궤도 투입·분리 지표가 공개됐다.
- 4문: 발사 의미와 후속 절차를 정리했다.

3) 본문 구조

① 발사 개요
- 목표 궤도·탑재체

② 구간별 상황
- 1단 점화·2단 점화·분리

③ 성공/이상 근거
- 속도·고도·시간

④ 기관 설명
- 우주청·KARI·기업

⑤ 후속 절차
- 조사위 구성/재발사 일정

⑥ 산업 영향
- 민간 발사체·위성 서비스

4) 체크리스트

- 원인 단정 금지
- 궤도·고도 정확히
- 탑재체 상태

8장

임상 결과 기사 템플릿

1) 제목 템플릿

"○○ 치료제 임상 결과 공개…지표는"

"ORR·PFS 발표…성과·한계는"

2) 리드 템플릿

- 1문: A사가 ○○ 임상 결과를 발표했다.
- 2문: 주요 지표는 △△로 확인됐다.
- 3문: 안전성·부작용 데이터가 함께 제시됐다.
- 4문: 의미와 후속 절차를 정리했다.

3) 본문 구조

① 임상 개요

　- 적응증·임상 디자인

② 결과 수치

　- ORR·PFS·OS

③ 안전성

　- 부작용·Grade

④ 비교 약물 대비 성과

⑤ 전문가 평가

⑥ 후속 절차(FDA 협의·추가 임상)

4) 체크리스트

- 샘플 수(N)
- 1·2·3상 구분
- 부작용 수치

9장

바이오 CDMO 기사 템플릿

1) 제목 템플릿

"A사, CDMO 계약 확대…생산 규모는"

"CDMO 수주 증가…시장 영향은"

2) 리드 템플릿

- 1문: A사가 CDMO 수주를 확대했다.
- 2문: 생산 규모·공정 종류가 핵심이다.
- 3문: 시장 점유율·투자 계획이 제시됐다.
- 4문: 업계 의미를 정리했다.

3) 본문 구조

① CDMO 개요

- 공정(CMC)·배양·충전

② 계약 내용

- 생산량·기간·적응증

③ 설비·투자

- CAPEX·라인 증설

④ 시장 비교

- 글로벌 CDMO 분포

⑤ 산업 영향

- 수요 증가·기술 이전

4) 체크리스트

- 공정 종류(세포·항체·바이럴)
- 생산 규모(L·배치 수)
- 고객사 명시

10장

규제·정책 변화 기사 템플릿

1) 제목 템플릿

"정부, ○○ 정책 발표… 핵심은"

"국회, ○○ 법안 심사… 쟁점은"

2) 리드 템플릿

- 1문: 정부/국회가 ○○ 정책을 발표/심사했다.
- 2문: 쟁점은 △△ 조항이다.
- 3문: 적용 대상·기준이 제시됐다.
- 4문: 변화 내용을 정리했다.

3) 본문 구조

① 정책 개요

　- 목적·배경

② 주요 기준

　- 의무·권고·대상

③ 비용·영향

　- 기업·정부·이용자

④ 절차

　- 국회 단계

⑤ 전문가 의견

⑥ 후속 일정

4) 체크리스트

- 고시, 법안 구분
- 시행일·유예 기간
- 적용 범위

11장

게임/콘텐츠 흥행 기사 템플릿

1) 제목 템플릿

"○○ 흥행…조회수/매출 증가"

"웹툰·드라마 동시 흥행…배경은"

2) 리드 템플릿

- 1문: A사 콘텐츠가 흥행 조짐을 보이고 있다.
- 2문: 이용량·매출 등이 증가했다.
- 3문: 플랫폼별 트렌드가 나타나고 있다.
- 4문: 흥행 배경을 정리했다.

3) 본문 구조

① 성과 수치

- MAU·매출·조회수

② 플랫폼별 반응

- 네이버웹툰·카카오픽코마

③ IP 확장

- 드라마·영화

④ 시장 자료

- 닐슨·오픈서베이

⑤ 업계 진단

- 경쟁 콘텐츠 대비 특징

4) 체크리스트

- 기간·MAU·다운로드
- 플랫폼별 조회수 기준
- IP 연계 여부

12장

논문 기반 과학 기사 템플릿

1) 제목 템플릿

"○○ 논문 발표…핵심 내용은"

"연구팀, ○○ 규명"

2) 리드 템플릿

- 1문: 국내외 연구팀이 ○○ 관련 논문을 발표했다.
- 2문: 연구는 △△ 현상을 규명했다.
- 3문: 데이터 규모·실험 구조가 공개됐다.
- 4문: 연구 의미와 한계를 정리했다.

3) 본문 구조

① 연구 개요

- 저자·기관·학술지

② 연구 방법

- 실험 구조·데이터셋

③ 결과

- 수치·표·그래프

④ 검증

- 재현성·통계적 유의성

⑤ 한계

- 샘플 수·적용 범위

⑥ 향후 과제

- 이어지는 연구(예단 금지)

4) 체크리스트

- 전임상 vs 임상
- 샘플 크기
- P-value
- Funding 출처

6부

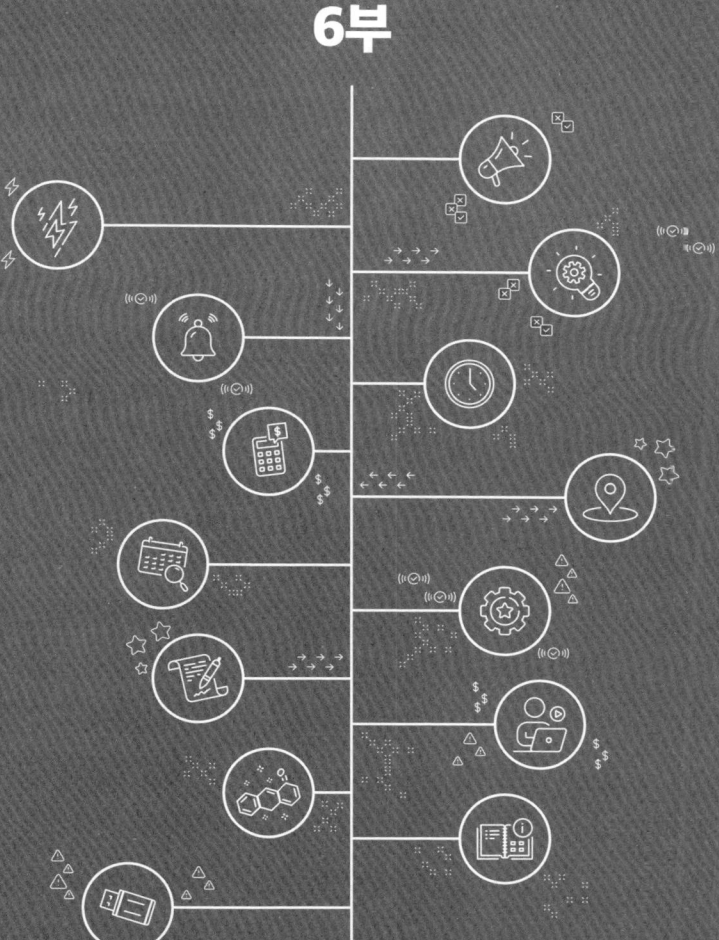

부록

테크 용어 사전

1. AI·데이터·클라우드

- AI(인공지능) - 데이터 기반 패턴 학습 기술
- Machine Learning - 경험적 데이터로 모델을 학습하는 기법
- Deep Learning - 신경망 기반 다층 모델
- Neural Network - 인간 신경구조를 모방한 알고리즘
- LLM(대형언어모델) - 대규모 데이터로 학습한 언어 모델
- Transformer - Attention 기반 딥러닝 구조
- RNN - 순차 데이터를 다루는 신경망
- CNN - 이미지 인식 기반합성곱 신경망
- Self-Attention - 토큰 간 상관관계 계산 기법
- Embedding - 단어·문장을 벡터화하는 표현 방식

- Token - 모델에서 처리되는 최소 단위 문자열

- Prompt - 모델 입력문

- Prompt Engineering - 최적 응답을 위한 입력 설계

- Fine-Tuning - 특정 데이터로 모델 추가 학습

- Supervised Learning - 정답 레이블 기반 학습

- Unsupervised Learning - 레이블 없는 데이터 학습

- Reinforcement Learning - 보상 기반 학습

- RLHF - 인간 피드백 기반 강화학습

- Inference - 모델 실행·추론 과정

- Parameter - 모델의 가중치 수

- Checkpoint - 모델 상태 저장 파일

- Pre-training - 대규모 기초 학습

- SFT - 지도학습 기반 파인튜닝

- Retrieval - 외부 지식 검색 과정

- RAG - 검색 기반 생성 모델 구조

- Agent - 다단계 작업 자동화 AI

- API - 다른 시스템 연결 인터페이스

- Embedding Model - 의미 벡터생성 모델

- Multi-Modal - 텍스트·이미지·음성 등 다중 입력

- Vision-Language Model - 시각+언어 모델

- Hallucination - 모델의 잘못된 생성

- Bias - 모델 데이터 편향

- Benchmark - 성능 비교 지표

- MMLU - 언어모델 평가 벤치마크

- HellaSwag - 상식 추론 테스트

- TruthfulQA - 사실 기반 응답 평가

- Latency - 추론 지연 시간

- Throughput - 초당 처리량

- GPU - 병렬연산 장치

- TPU - 구글 AI 가속 칩

- NPU - 모바일 AI 연산 칩

- HPC - 고성능 컴퓨팅

- H100 - 엔비디아 AI GPU

- B200 - 엔비디아 최신 GPU

- HBM - 고대역폭 메모리

- NVLink - GPU 간 고속 연결

- CUDA - 엔비디아 병렬 컴퓨팅 플랫폼

- Cloud Computing - 인터넷 기반 컴퓨팅 제공

- SaaS - 소프트웨어 구독형 서비스

- IaaS - 인프라 제공 서비스

- PaaS - 플랫폼 제공 서비스

- Cloud Region - 클라우드 서비스 지역

- Availability Zone - 물리적 분리 컴퓨팅 구역
- Edge Computing - 단말 인근 데이터 처리
- Data Lake - 비정형 데이터 저장소
- Data Warehouse - 구조적 데이터 저장소
- ETL - 데이터 추출·변환·적재
- Feature Engineering - 특징 추출 과정
- Differential Privacy - 데이터 익명화 기법
- Federated Learning - 분산 학습 방식
- Zero-Shot - 학습 없이 문제 해결
- Few-Shot - 소량 예시 기반 해결
- Temperature - 출력 무작위성 파라미터
- Top-k - 상위 k개 후보 선택
- Top-p - 확률 기반 후보 선택
- Quantization - 모델 경량화 기법
- Pruning - 불필요한 가중치 제거
- Distillation - 모델 압축 기법
- LoRA - 경량 파인튜닝 기법
- SLM - 소형 언어 모델
- GPU Cluster - GPU 집합체
- Model Serving - 모델 배포 체계
- Synthetic Data - 생성된 가상 데이터

- Dataset - 학습용 데이터 집합

- Tokenizer - 텍스트 분할 도구

- Knowledge Graph - 관계 기반 데이터 구조

- Metadata - 데이터의 정보

- Data Governance - 데이터 관리 체계

- API Rate Limit - API 호출 제한

- Grounding - 외부 사실 기반 연결

- Agent Loop - 다단계 의사결정

- Memory Store - 에이전트 기억 저장소

- Orchestration - 모델·프로세스 통합

- GPU Virtualization - GPU 가상화

- Compute Budget - 연산량 한계

- Scaling Law - 모델 규모와 성능 관계

- Embedding Dimension - 벡터 차원

- TTS - 텍스트 음성 변환

- ASR - 음성 텍스트 변환

- Voice Cloning - 음성 복제 기술

- OCR - 이미지 텍스트 추출

- Vision Transformer - 비전 모델

- SAM - 이미지 분할 모델

- Diffusion Model - 생성 모델 유형

- GAN - 적대적 생성 신경망

- AutoEncoder - 데이터 압축 모델

- Normalization - 데이터 정규화

- Batch Size - 학습 단위 크기

- Epoch - 학습 반복 횟수

- Gradient - 기울기 값

2. 반도체 구조·소자 기본

- Semiconductor - 전기적 성질이 도체·부도체 중간인 물질
- Transistor - 전류의 흐름을 조절하는 반도체 소자
- MOSFET - 금속-산화막-반도체 전계효과 트랜지스터
- Gate - 전류 흐름을 제어하는 트랜지스터 구성부
- Source - 전류가 유입되는 단자
- Drain - 전류가 빠져나가는 단자
- FinFET - 3차원 구조 트랜지스터
- GAA - 게이트가 채널을 감싸는 구조
- Channel - 전자가 이동하는 통로
- Wafer - 반도체 제조용 원판
- Die - 웨이퍼에서 잘라낸 칩 단위

- SoC - 시스템 기능을 단일칩에 통합
- Logic Chip - 연산·제어 기능을 수행하는 칩
- DRAM - 휘발성 메모리 소자
- NAND Flash - 비휘발성 메모리
- SRAM - 고속 캐시 메모리
- SRAM Cache - GPU·CPU 내부 캐시 메모리
- Memory Cell - 데이터 저장 최소 단위
- Bitline - 메모리 셀 연결선
- Wordline - 메모리 주소 지정선
- Lithography - 회로를 기판에 새기는 공정
- EUV - 극자외선 기반 미세공정 기술
- DUV - 기존 불화아르곤 기반 노광 장비
- Reticle - 노광용 회로 패턴 마스크
- Photoresist - 감광액
- Ion Implantation - 이온 주입 공정
- Etching - 회로 패턴 식각 공정
- Deposition - 박막 증착 공정
- CMP - 표면 평탄화 공정
- Yield - 칩 생산 수율

3. 제조·공정·장비

- Foundry - 설계 없이 제조만 수행하는 기업
- Fab - 반도체 제조 공장
- Fab Lite - 일부만 자체 생산하는 방식
- Clean Room - 미세 오염을 제거한 제조 공간
- Process Node - 회로선폭 지표(예: 7nm)
- Gate-all-around - 채널 전체를 감싸는 구조
- BEOL - 배선 공정
- FEOL - 소자 형성 공정
- Advanced Packaging - 고대역폭 패키징 기술
- 2.5D 패키징 - 중간 실리콘 인터포저 사용
- 3D 패키징 - 칩 적층 방식
- TSV - 실리콘 관통 전극
- COWOS - TSMC 고대역폭 패키징 기술
- Foveros - 인텔 3D 패키징 기술
- HBM - 고대역폭 메모리 패키지
- HBM3 - 최신 HBM 규격
- Interposer - 칩 연결용 중간 기판
- Substrate - 반도체 패키지 기판
- Bonding - 칩 결합 공정

- Bumping - 미세 구형 전극 형성
- Wafer Test - 웨이퍼 단계에서 불량 검사
- Final Test - 패키지 후 최종 검사
- EDA Tool - 반도체 설계 자동화 툴
- PDK - 공정 설계 키트
- Tape-out - 설계 완료 후 제조 준비 단계
- Mask Set - 노광 패턴 집합
- Yield Loss - 수율 하락량
- Bottleneck Step - 공정 병목 단계
- Process Variation - 공정 편차
- Burn-in Test - 내구성 검사

4. 시장·기업·산업 구조

- Foundry Market Share - 파운드리 점유율
- Fab Utilization - 공장 가동률
- Memory Cycle - 메모리 업황 주기
- ASP - 평균판매가격
- Inventory Level - 재고 수준
- CAPEX - 설비투자

- OPEX - 운영비
- Node Migration - 공정 미세화 전환
- Semi CAP - 반도체 장비 투자
- IDM - 설계·제조·패키징 일괄 기업
- Fabless - 설계만 하는 기업
- OSAT - 후공정 전문 기업
- Supply Chain - 공급망
- Lead Time - 제조·납기 시간
- Cycle Time - 한 공정의 처리 시간
- TAM - 전체 시장 규모
- AI Server Demand - AI 서버 수요
- Memory Bit Growth - 비트 기준 생산 증가율
- NAND Layer - 낸드 적층 수
- DRAM Process Shrink - DRAM 미세공정
- Density - 칩 집적도
- Power Efficiency - 전력 효율
- Thermal Throttling - 발열로 성능 제한
- Chip Shortage - 반도체 공급 부족
- Onshore/Reshore - 국내 회귀 생산
- Fab Cluster - 지역별 반도체 단지
- Semiconductor Subsidy - 정부 보조금

- Export Control - 수출 규제
- Technology Node Leader - 공정 선도 기업
- Memory Controller - 메모리 제어 칩

5. 이동통신(3G·LTE·5G·6G) 기본

- 2G -음성·SMS 중심 디지털 통신
- 3G - 영상통화·데이터 통신초기 세대
- LTE - 4세대 이동통신 표준
- LTE-A - LTE의 고도화 규격
- VoLTE - LTE 기반 음성통화
- 5G - 초고속·초저지연·초연결 통신
- 5G NSA - LTE 코어 기반 5G
- 5G SA - 5G 코어 기반 순수 5G
- 5G Sub-6 - 6GHz 이하 대역 기반 5G
- 5G mmWave - 24GHz 이상 고주파 5G
- Carrier Aggregation - 주파수 묶음 기술
- Beamforming - 빔 조향 기술
- Massive MIMO - 대규모 안테나 다중화
- Low Latency - 지연 시간 최소화

- Throughput - 데이터 전송량
- Uplink - 단말→기지국 방향 전송
- Downlink - 기지국→단말 방향 전송
- Handover - 기지국 간 이동 절차
- SDR - 소프트웨어 정의 무선
- NR(New Radio) - 5G 무선 규격
- 6G - 차세대 통신 개념
- Terahertz Band - 테라헤르츠 주파수
- NTN - 비지상 네트워크
- 위성-지상 통합망 - 위성과 지상망 결합 개념
- QoS - 품질 보장 기술
- Network Slicing - 가상 분할 전용망
- URLLC - 초신뢰·초저지연 통신
- mMTC - 초대량 IoT 연결
- eMBB - 고속 모바일 광대역
- Private 5G - 기업 전용 5G망

6. 네트워크·장비·전송 구조

- Radio Unit(RU) - 전송·수신 무선 장치

- Distributed Unit(DU) - 무선 신호 처리 장치

- Central Unit(CU) - 상위 신호 처리 장치

- RAN - 무선접속망

- vRAN - 가상화된 무선접속망

- O-RAN - 개방형 무선접속망

- Core Network - 이동통신 핵심망

- EPC - LTE 코어망

- 5G Core - 5G 전용 코어망

- Backhaul - 기지국-코어망 연결 구간

- Fronthaul - 기지국 안테나-중앙장비 연결

- Midhaul - 전송망 중간구간

- IP/MPLS - 패킷 기반 전송망

- Fiber Optic - 광섬유 케이블

- DWDM - 다중 파장 분할 전송

- POP - 인터넷 접속 거점

- IX - 인터넷 교환 지점

- CDN - 콘텐츠 전송 네트워크

- Edge Node - 지역 분산 노드

- Router - 패킷 전송 장비
- Switch - 네트워크 분배 장비
- Firewall - 네트워크 보안 장비
- NAT - IP 변환 기술
- DHCP - IP 자동 할당 프로토콜
- DNS - 도메인 주소 변환 시스템
- IPv4 - 32비트 인터넷 주소
- IPv6 - 128비트 인터넷 주소
- Latency - 지연 시간
- Jitter - 전송 지연 변동
- Packet Loss - 전송 손실

7. 주파수·전파·규제

- Spectrum - 전파 자원
- Low Band - 1GHz 이하 대역
- Mid Band - 1~6GHz 대역
- High Band - 24GHz 이상 대역
- Unlicensed Band - 비면허 대역
- Licensed Spectrum - 면허 주파수

- Spectrum Auction - 주파수 경매
- Spectrum Allocation - 주파수 분배
- Spectrum Reallocation - 기존 대역 재사용
- Uplink/Downlink Pairing - 상향·하향 주파수 구성
- Bandwidth - 사용 가능한 주파수 폭
- Guard Band - 보호 대역
- EIRP - 유효 방사 전력
- RSRP - 신호 세기 지표
- RSRQ - 신호 품질 지표
- SINR - 간섭 대비 신호비
- Carrier - 특정 주파수 채널
- Cell - 기지국 서비스 영역
- Small Cell - 소규모 기지국
- Macro Cell - 대형 기지국
- Femtocell - 실내용 소형 기지국
- FCC - 미국 연방통신위원회
- ITU - 국제전기통신연합
- 3GPP - 통신 표준화 기구
- IMT-2020 - 5G 국제 표준
- IMT-2030 - 6G 표준화 논의
- 전파법 - 국내 전파 관리 법령

- 할당대가 - 주파수 사용료
- 망중립성 - 차별 없이 데이터 전송하는 원칙
- VoIP 규제 - 인터넷 전화 관련 기준

8. 품질·요금제·서비스

- Speed Test - 통신 속도 측정
- 전국 평균 다운로드 속도 - 국가 품질 지표
- 실내 품질 - 건물 내부 통신 품질
- 커버리지 - 이동통신 서비스 범위
- 로밍 - 타망 접속 서비스
- MVNO - 알뜰폰 사업자
- Unlimited Plan - 무제한 요금제
- 데이터 쉐어링 - 다회선 • 데이터 공유
- QoE - 이용자 경험 품질 지표
- SLA - 통신 서비스 가용성 보장 기준

9. 공격 기법·APT·해킹 유형

- APT - 특정 목표를 장기간 공격하는 지능형 지속 위협
- 라자루스 - 북한 정찰총국 연계 해킹조직
- 스피어피싱 - 특정인을 노린 맞춤형 피싱
- 피싱 - 가짜 메시지로 정보를 탈취하는 기법
- 스미싱 - 문자메시지 기반 피싱
- 랜섬웨어 - 데이터를 암호화하고 금전을 요구하는 악성코드
- 백도어 - 비인가 접근을 허용하는 숨겨진 통로
- 키로거 - 키 입력을 기록하는 악성프로그램
- DDoS - 다수의 트래픽으로 서버를 마비시키는 공격
- SQL Injection - 데이터베이스 명령어 삽입 공격
- XSS - 웹페이지 스크립트를 악용하는 공격
- CSRF - 인증된 요청을 위조하는 공격
- Supply Chain Attack - 공급망을 통한 침투 공격
- Zero-Day - 미패치 취약점을 이용한 공격
- Remote Code Execution - 원격 코드 실행 공격
- Privilege Escalation - 권한 상승 공격
- Credential Stuffing - 유출 계정 재사용 공격
- Session Hijacking - 세션 탈취공격
- Password Spray - 다중 계정에 소수 패스워드 시도

- Brute Force Attack - 무차별 대입 공격
- Social Engineering - 사람을 속여 정보를 얻는 기법
- Man-in-the-Middle - 중간자 위치에서 통신 가로채기
- DNS Spoofing - DNS 기록 위조 공격
- ARP Spoofing - 네트워크 맥 주소 위조
- Drive-by Download - 악성사이트 접속만으로 감염
- Botnet - 악성코드로 묶인 감염 컴퓨터 집합
- C2(Command & Control) - 해커의 통제 서버
- Malware-as-a-Service - 악성코드 임대 서비스
- RAT(Remote Access Trojan) - 원격제어형 트로이목마
- Worm - 자기복제 악성코드

10. 악성코드 · 취약점 · 보안 용어

- Trojan - 정상 프로그램 위장 악성코드
- Spyware - 정보 수집악성코드
- Adware - 광고 노출 목적 프로그램
- Rootkit - 시스템 은폐악성도구
- Exploit - 취약점 공격 코드
- CVE - 공개 취약점 고유번호

- CVSS - 취약점 심각도 평가 지수
- Patch - 취약점 수정업데이트
- Signature - 악성코드 탐지 규칙
- Sandbox - 격리된 실행 환경
- IOC - 침해지표(Indicator of Compromise)
- Hash Value - 파일 고유 식별값
- Memory Dump - 메모리 상태 저장본
- Firewall - 외부 침입 차단 장비
- IDS - 침입 탐지 시스템
- IPS - 침입 차단 시스템
- EDR - 단말 침해 탐지·대응 시스템
- XDR - 확장형 침해 대응시스템
- SIEM - 보안 이벤트 통합 관리
- MFA - 다중 인증
- Zero Trust - 내부·외부 구분 없이 검증 요구
- Honeypot - 공격자 유인 시스템
- Tokenization - 민감 정보를 대체 토큰으로 변환
- Encryption - 데이터 암호화
- Salt - 비밀번호 해시 보안 강화 값
- Biometrics - 생체 인증
- VPN - 가상사설망

- TLS - 인터넷 암호화 프로토콜

- Certificate - 인증서

- Secure Boot - 시스템 신뢰 기반 부팅

11. 침해사고 · 디지털 포렌식 · 로그 분석

- Incident - 보안 사고

- Breach - 침해 · 유출

- Log - 시스템 기록 데이터

- Event Log - 보안 이벤트 로그

- Access Log - 접근 기록

- Audit Log - 감사 기록

- Indicators of Attack - 공격 징후

- Forensic Imaging - 디지털 증거 복제

- Chain of Custody - 증거 인계 절차

- Timeline Analysis - 사고 시간대 분석

- Memory Forensics - 메모리 기반 분석

- Disk Forensics - 저장장치 분석

- Packet Capture - 네트워크 패킷 수집

- Deep Packet Inspection - 패킷 내용 검사

- Hash Collision - 해시 충돌
- Side Channel Attack - 간접 정보 탈취 공격
- Attack Surface - 공격 노출 면
- Threat Intel - 위협 정보
- IOC Matching - 침해지표 대조
- Lateral Movement - 내부망 확산 공격
- Persistence - 장기 침투 유지
- Data Exfiltration - 데이터 무단 반출
- Privileged Account - 고권한 계정
- Insider Threat - 내부자 위협
- SOC(Security Operation Center) - 보안 관제센터
- Kill Chain - 공격 단계 분석 모델
- MITRE ATT&CK - 공격 기술 분류 체계
- Playbook - 표준 대응 절차
- Incident Response - 사고 대응
- Post-Incident Review - 사고 후 분석

12. 규제·정책·산업 구조

- NIST - 미국 표준기술연구소
- CISA - 미국 사이버안보청
- ISO 27001 - 정보보호 관리체계 국제표준
- GDPR - EU 개인정보보호 규정
- 국내 개인정보보호법 - 개인정보 처리 기준 법령
- PII - 개인식별정보
- PCI-DSS - 금융 데이터 보안 기준
- KISA - 한국인터넷진흥원
- ISAC - 정보공유·분석센터
- Bug Bounty - 취약점 포상 프로그램

13. 발사체 기본 구조·비행 단계

- Launch Vehicle - 탑재체를 우주로 올리는 발사체
- Stage - 발사체의 추진 구간(1단·2단 등)
- Booster - 초기 상승력 제공용 로켓
- Payload - 탑재체(위성·실험체 등)
- Payload Fairing - 탑재체 보호 덮개

- Oxidizer - 산화제

- Fuel - 연료

- Combustion Chamber - 연소실

- Nozzle - 추진력을 만드는 배기구

- Thrust - 발사체 추력

- Specific Impulse - 추진 효율 지표

- TWR(추력중량비) - 추력 대비중량 비율

- GN&C - 유도·항법·제어 시스템

- Telemetry - 비행 데이터 송신

- Roll/Pitch/Yaw - 3축 자세 제어

- Max-Q - 대기압 저항 최대지점

- MECO - 1단 엔진 정지

- Stage Separation - 단 분리

- Ignition - 엔진 점화

- Boost Phase - 초기 가속 단계

- Coast Phase - 무추진 비행 단계

- Orbital Insertion - 목표 궤도 진입

- Apogee - 궤도 최고점

- Perigee - 궤도 최저점

- Inclination - 궤도 기울기

- Launch Window - 발사 가능 시간대

- Wet Dress Rehearsal - 발사 전 연습 절차
- Static Fire Test - 고정 상태 엔진 점화 시험
- Flight Termination System - 비상 자폭 장치
- Launch Abort - 비상 중단

14. 엔진·추진제·로켓 기술

- Liquid Engine - 액체 연료 엔진
- Solid Motor - 고체 연료 로켓
- Hybrid Engine - 액체·고체 혼합 추진 방식
- Cryogenic Fuel - 극저온 연료
- RP-1 - 정제 등유 기반 로켓 연료
- LOX - 액체 산소
- Methalox - 메탄+액체 산소 엔진
- Turbopump - 연료 공급 터빈 펌프
- Regenerative Cooling - 노즐 냉각 방식
- Throttle - 추력 조절
- Reusable Rocket - 재사용 로켓
- First-stage Landing - 1단 착륙
- Grid Fin - 하강 제어용 격자날개

- Entry Burn - 재진입 감속 연소

- Hover-slam - 착륙 순간 역추진

- Composite Tank - 복합재 연료 탱크

- Pressurization - 연료탱크 압력 유지

- Attitude Control System - 자세 제어 장치

- RCS Thruster - 미세 추진 장치

- Helium Pressurization - 헬륨 가압

- Stage Adapter - 단간 연결 구조

- Engine Cluster - 다중 엔진 배열

- Ablation Shield - 열차폐 구조

- Cryo-proof Test - 극저온 상태 압력 시험

- Fairing Separation - 페어링 분리

- TVC(Thrust Vector Control) - 추력 방향 제어

- Delta-V - 궤도 변경에 필요한 속도량

- Aerodynamic Load - 공력 하중

- Launch Pad - 발사대

- Flame Trench - 배기 화염 유도 구조

15. 위성·탑재체·지상국

- Satellite - 지구 궤도 인공위성
- LEO - 저지구궤도
- MEO - 중지구궤도
- GEO - 정지궤도
- HEO - 고타원궤도
- Nanosatellite - 1~10kg급 소형 위성
- Cubesat - 표준 규격 큐브 형태 위성
- EO(Earth Observation) - 지구관측
- SAR - 합성개구레이더
- Optical Payload - 광학 카메라 탑재체
- Hyperspectral - 초분광 이미지 센서
- AIS - 선박 자동식별 탑재체
- Meteorological Payload - 기상 관측 장비
- TT&C - 추적·텔레메트리·명령 체계
- Ground Station - 지상국
- Downlink - 위성→지상 데이터
- Uplink - 지상 → 위성 명령
- Earth Terminal - 위성 통신 단말
- Mission Control - 위성 운영 센터

- Onboard Computer - 위성 제어 컴퓨터
- Star Tracker - 별 위치 기반 자세 제어
- Reaction Wheel - 자세유지 회전 장치
- Sun Sensor - 태양 방향 센서
- Power Budget - 전력 수지
- Solar Array - 태양광 패널
- Battery Pack - 위성 전력 저장
- Momentum Dumping - 관성 제거 절차
- Orbit Raising - 궤도 상승
- Deorbit - 궤도 이탈
- Space Debris - 우주 파편

16. 우주산업·정책·기관

- KARI - 한국항공우주연구원
- 우주청 - 한국 우주 정책 총괄 기관
- 발사체 고도화 사업 - 누리호 반복 발사사업
- 국가우주위원회 - 우주 정책 최고 심의기구
- Commercial Launch - 민간 상업 발사
- Spaceport - 민간·국가 발사시설

- Ride-share - 다중 위성 공동 발사
- Launch Manifest - 발사 일정표
- Constellation - 다중 위성 군집
- SpaceX - 미국 민간 우주기업

17. 신약개발·기초 개념

- Drug Candidate - 신약 후보물질
- MoA(작용기전) - 약물이 작용하는 생물학적 원리
- Target - 약물이 결합하는 표적
- Scaffold - 약물 구조의 기본 틀
- Lead Optimization - 후보물질 최적화 과정
- Small Molecule - 저분자 의약품
- Biologic - 단백질·항체 기반 약물
- First-in-Class - 새로운 기전의 신약
- Best-in-Class - 동일 기전 중 최고 효능
- Biomarker - 질병·약효를 나타내는 지표
- Mechanism Validation - 작용기전 검증
- In vitro - 시험관 실험
- In vivo - 동물 실험

- PK(약물동태학) - 약물 흡수·분포·대사·배출
- PD(약력학) - 약물 효과·반응
- Bioavailability - 체내 이용률
- Half-life - 약물 반감기
- Toxicity - 독성
- ADME - 약물 흡수·분포·대사·배출 과정
- Formulation - 제형 개발
- Stability Test - 안정성 검사
- GMP - 의약품 제조·관리 기준
- Batch - 생산 단위
- titer - 단백질 농도 지표
- Purity - 순도
- Potency - 약효 강도
- Aggregation - 단백질 응집
- Degradation - 분해
- Cold Chain - 저온 유통
- Fill & Finish - 충전·완제 공정

18. 항체·세포·유전자 치료제

- Antibody – 항체 기반 치료제

- mAb – 단일클론 항체

- Bispecific – 이중항체

- ADC – 항체-약물 접합체

- Payload – ADC에 결합된 약물

- Linker – 항체와 약물을 연결하는 구조

- CAR-T – 유전자를 조작한 T세포 치료제

- NK Cell Therapy – 자연살해세포 치료제

- iPSC – 유도만능줄기세포

- CRISPR – 유전자 편집 기술

- Gene Therapy – 유전자 결함을 교정하는 치료

- Vector – 유전자 전달체

- AAV – 아데노부속바이러스 벡터

- Lentivirus – 렌티바이러스 벡터

- Transduction – 유전자 전달 과정

- Expression – 단백질 발현

- Cell Expansion – 세포 배양·증식

- GMP Cell Facility – 세포치료제 생산시설

- Autologous – 자가 세포 기반 치료

- Allogeneic – 타가 세포 기반 치료
- Off-the-shelf – 기성형 세포치료제
- Conditioning Regimen – 사전 항암요법
- CRS – 사이토카인 방출 증후군
- Neurotoxicity – 신경독성
- MTD – 최대내약용량
- DLT – 용량제한독성
- Vector Copy Number – 벡터 삽입 수
- Immunogenicity – 면역반응성
- Tumor Microenvironment – 종양 미세환경
- HLA Typing – 조직적합성 검사

19. 임상시험·결과 지표

- IND – 임상시험계획 승인
- NDA – 시판허가 신청
- BLA – 바이오의약품 허가 신청
- IRB – 임상 연구윤리위원회
- CRO – 임상시험수탁기관
- Phase 1 – 안전성·용량 평가 단계

- Phase 2 - 효능·안전성 확증 초기 단계
- Phase 3 - 대규모 확증 임상
- ORR - 객관적 반응률
- CR - 완전관해
- PR - 부분관해
- DCR - 질병통제율
- PFS - 무진행 생존기간
- OS - 전체 생존기간
- DOR - 반응 지속기간
- HR(Hazard Ratio) - 위험비
- SAE - 중대한 이상반응
- AE - 모든 이상반응
- Dose Escalation - 용량 증량
- Dose Expansion - 확대 코호트
- Blind Study - 눈가림 연구
- Randomized Trial - 무작위 배정 임상
- Placebo - 위약
- Comparator - 대조약
- Confidence Interval - 신뢰구간
- P-value - 통계적 유의성
- Interim Analysis - 중간 분석

- Protocol – 임상시험 계획서
- Inclusion Criteria – 등록 기준
- Exclusion Criteria – 제외 기준

20. 규제·산업·AI·우주제약

- FDA – 미국 식품의약국
- EMA – 유럽 의약품청
- 식약처(MFDS) – 한국 규제기관
- GCP – 임상시험 관리기준
- PMS – 시판 후 조사
- Pharmacovigilance – 약물감시
- Market Authorization – 시판허가
- CDMO – 위탁개발생산 기업
- CMO – 위탁생산 기업
- Space Pharma – 우주 환경 기반 제약기술

21. 빅테크 기업·서비스 구조

- Big Tech - 글로벌 대형 기술기업 집합
- Platform - 사용자·서비스·콘텐츠를 연결하는 구조
- Ecosystem - 하나의 플랫폼 내 서비스·기기 연계 구조
- MAU - 월간 활성 사용자
- DAU - 일간 활성 사용자
- ARPU - 가입자 1인당 평균 매출
- Retention - 재이용률
- Churn Rate - 이탈률
- Conversion Rate - 전환율
- Stickiness - 사용자 플랫폼 의존도
- Super App - 다기능 통합 앱
- Search Engine - 검색기능 제공 시스템
- Feed Algorithm - 큐레이션 알고리즘
- Recommendation System - 개인화 추천 시스템
- App Store - 모바일 앱 유통 플랫폼
- Play Store - 구글 모바일 앱 시장
- App Tracking - 이용자 활동 기록 수집
- Attribution - 광고 성과측정
- Cross-platform - 다중 기기·OS 지원

- Cloud Suite - 기업형 클라우드 서비스 패키지
- Productivity Suite - 문서·협업 서비스 묶음
- Ad Network - 광고 공급·거래망
- Web Traffic - 웹 이용량
- Search Query - 검색 입력어
- SEO - 검색 결과 최적화
- SEM - 검색 광고 마케팅
- Social Graph - 사용자 관계 기반 구조
- Social Platform - SNS 기반 서비스
- Creator Economy - 창작자 중심 경제
- Marketplace - 상품·서비스 거래 플랫폼

22. 광고·결제·수익 모델

- CPC - 클릭당 광고비
- CPM - 노출 1천 회당 광고비
- CPA - 행동 기반 광고비
- ROAS - 광고 수익률
- Ad Inventory - 광고 판매 공간
- Programmatic Ads - 자동화 광고 거래

- Real-time Bidding - 실시간 광고 입찰
- DSP - 광고 구매 플랫폼
- SSP - 광고 판매 플랫폼
- Ad Exchange - 광고 거래소
- Native Ads - 콘텐츠형 광고
- Search Ads - 검색 기반 광고
- Display Ads - 배너형 광고
- Video Ads - 동영상 광고
- Subscription - 구독형 수익 모델
- In-app Purchase - 앱 내 결제
- Take Rate - 플랫폼 수수료 비율
- One-click Payment - 원클릭 간편결제
- Digital Wallet - 전자지갑
- NFC Payment - 근거리 무선 결제
- Peer-to-peer Payment - 개인 간 송금
- Open Banking - 계좌 통합 금융 서비스
- BNPL - 후불 결제 모델
- Rewards Program - 리워드 적립 제도
- Membership - 유료 멤버십 서비스
- Premium Tier - 고급 구독 단계
- Paywall - 유료 접근 제한

- Revenue Share - 수익 배분 구조
- Data Monetization - 데이터 기반 수익 창출
- Creator Payout - 창작자 수익지급

23. 규제·경쟁·정책

- Antitrust - 독점 금지 규제
- 시장지배력 - 특정 플랫폼의 시장 영향력
- Abuse of Dominance - 지배력 남용
- Gatekeeper - EU DMA에서 규정한 대형 플랫폼
- DMA(EU Digital Markets Act) - EU 플랫폼 규제법
- DSA(EU Digital Services Act) - 온라인 서비스 규제법
- GDPR - EU 개인정보 보호 규정
- CCPA - 캘리포니아 개인정보 보호법
- COPPA - 아동 온라인 개인정보 규제
- Content Moderation - 온라인 콘텐츠 관리
- Deplatforming - 계정·서비스 퇴출 조치
- Shadow Ban - 비공식 노출 제한
- Terms of Service - 서비스 이용약관
- App Store Commission - 앱마켓 수수료 정책

- Sideloading - 비공식 앱 설치

- Interoperability - 플랫폼 간 호환성

- Walled Garden - 폐쇄형 플랫폼 구조

- Cross-border Data Transfer - 국경 간 데이터 이동

- Localization Requirement - 현지화 의무

- Algorithm Transparency - 알고리즘 공개 요구

- Content Liability - 플랫폼의 책임 범위

- Fake Review - 조작된 이용자 후기

- Scam App - 사기성 앱

- Online Fraud - 온라인 금융사기

- 플랫폼 독과점 - 시장 집중 현상

- 기만적 UX - 사용자 오도 인터페이스

- AI Safety Policy - 생성AI 안전 정책

- Deepfake Regulation - 딥페이크 규제

- Open Data - 공공 데이터 개방 정책

- Data Localization Law - 데이터 현지 저장 규제

24. 한국·글로벌 빅테크 심층 개념

- 네이버 검색 알고리즘 - 사용자·문서 품질 기반 순위 시스템
- 네이버 뉴스 알고리즘 - 클릭·체류·신뢰도기반 노출
- 네이버 쇼핑 생태계 - 검색·결제·판매자 연결 구조
- 네이버페이 - 네이버 통합 간편결제
- 네이버 클라우드 - 기업형 클라우드 서비스
- 카카오톡 플랫폼 - 메신저 기반 서비스 허브
- 카카오페이 - 지급결제·보험 기반 핀테크 서비스
- 카카오모빌리티 - 호출·내비·데이터 중심모빌리티 서비스
- 구글 검색 순위 모델 - 키워드·링크 분석 기반
- 애플 생태계 - iOS·App Store·하드웨어 통합 구조

25. 물리·양자·초전도

- Classical Mechanics - 고전역학
- Electromagnetism - 전자기학
- Quantum Mechanics - 미시세계 물리법칙
- Wavefunction - 양자 상태의 수학적 표현
- Superposition - 양자 겹침 상태

- Entanglement - 양자 얽힘

- Qubit - 양자정보 단위

- Gate Operation - 양자 연산 동작

- Quantum Error Correction - 양자 오류 수정

- Quantum Supremacy - 고전 컴퓨터 능력 초과 시점

- Quantum Annealing - 최적화 문제 양자 탐색

- Quantum Sensing - 양자 특성을 활용한 고감도 센서

- Coherence Time - 양자 상태 유지 시간

- Decoherence - 양자 상태 소멸

- Superconductor - 전기저항이 0이 되는 물질

- Meissner Effect - 초전도체의 자기장 배제현상

- Critical Temperature - 초전도 전이 온도

- High-Tc Superconductor - 고온 초전도체

- SQUID - 극저자기장 측정 장치

- Cryostat - 극저온 유지 장치

- Dilution Refrigerator - 밀리켈빈 냉각 장치

- Quantum Dot - 양자 구속된 나노입자

- Spintronics - 전자의 스핀 이용 기술

- Magnetoresistance - 자기저항 변화현상

- Josephson Junction - 초전도 접합 구조

- Flux Qubit - 자속 기반 큐비트

- Transmon Qubit - 초전도 큐비트 형태
- Photonic Qubit - 광자 기반 큐비트
- Rydberg Atom - 고에너지 상태 원자
- Bose-Einstein Condensate - 초저온에서 형성되는 양자 집단 상태

26. 핵융합·플라즈마·천체

- Nuclear Fusion - 경원소 핵의 결합 반응
- Tokamak - 자기장 감금식 핵융합 장치
- Stellarator - 비대칭 자기장 핵융합 장치
- Plasma - 이온화된 물질 상태
- Confinement - 플라즈마 가두기
- Lawson Criterion - 핵융합 점화 조건
- Magnetic Shear - 자기장 구배
- ELM - 플라즈마 경계 불안정
- Divertor - 플라즈마 열·입자 배출 구조
- Neutral Beam Injection - 중성입자 가열
- RF Heating - 전자기파 가열
- Fusion Ignition - 외부 에너지 없이 지속반응
- ITER - 국제 핵융합 실험로

- NIF - 미국 레이저 핵융합 시설

- DEMO - 핵융합 발전 실증로

- Plasma Beta - 압력 대비 자기장 비율

- Magnetic Mirror - 플라즈마 반사 장치

- Bremsstrahlung - 전자 감속 방사

- Neutron Flux - 중성자 유속

- Tritium Breeding - 삼중수소 생산 과정

- Helion - 핵융합 스타트업

- Space Plasma - 우주 플라즈마

- Solar Wind - 태양풍

- Cosmic Ray - 우주방사선

- Neutron Star - 중성자별

- Exoplanet - 외계행성

- Light Curve - 천체 밝기 변화 곡선

- Redshift - 파장 증가 현상

- Spectroscopy - 원소 구성 분석 기술

- Hubble Constant - 우주 팽창율 지표

27. 재료과학·나노·배터리·촉매

- Crystal Lattice - 결정 격자
- Grain Boundary - 결정립 경계
- Defect - 결함
- Semiconductor Bandgap - 에너지 밴드 차
- Doping - 불순물 추가
- Catalysis - 촉매 작용
- Electrocatalyst - 전기화학 촉매
- Photocatalyst - 광촉매
- Graphene - 단층 탄소 소재
- 2D Material - 이차원 물질
- MOF - 금속-유기 골격체
- Perovskite - 특정 결정구조 소재
- Solid Electrolyte - 고체 전해질
- Lithium-ion Battery - 리튬이온 전지
- Anode - 음극
- Cathode - 양극
- Separator - 분리막
- BMS - 배터리 관리 시스템
- Cycle Life - 충·방전 수명

- Energy Density - 에너지 밀도
- Fast Charging - 급속 충전
- Thermal Runaway - 열폭주
- Electrode Slurry - 전극 슬러리
- Binder - 전극 접착제
- Solid-state Battery - 전고체 배터리
- Silicon Anode - 실리콘 음극
- Cobalt-free Cathode - 코발트 무함유 양극
- Nanowire - 나노선 구조
- STM - 주사터널링현미경
- AFM - 원자힘 현미경

28. 생명과학·통계·연구 방법론

- DNA - 유전 정보 분자
- RNA - 단백질 합성 매개분자
- Ribosome - 단백질 합성 장치
- CRISPR-Cas9 - 표적 유전자 절단 기술
- PCR - 유전자 증폭 기술
- Electrophoresis - 분자 분리 실험법

- Microscopy - 현미경 관측 기술
- Cell Culture - 세포 배양
- Flow Cytometry - 세포 특성 분석
- P-value - 통계적 유의성 지표

29. 정부·국회·규제 체계

- 과학기술정보통신부 - 한국의 ICT·과학기술 주무부처
- 우주항공청 - 국가 우주정책 총괄기관
- 산업통상자원부 - 산업·에너지 정책 부처
- 공정거래위원회 - 경쟁·독점 규제 기관
- 개인정보보호위원회 - 개인정보 보호 총괄 기관
- 방송미디어통신위원회 - 방송·미디어·통신 정책기관
- 국회 과학기술정보방송통신위원회 - ICT·과학 분야 상임위
- 예산정책처 - 국회예산 분석 기관
- 규제영향평가 - 정책 도입 영향 사전분석
- 국정감사 - 국회의 정부 심사 절차
- 법안 심사 - 국회가 법률 제정·개정 검토
- 시행령 - 법률 위임받은 하위 규정
- 시행규칙 - 행정규칙 수준의 운영 기준

- 고시 - 정부가 기술·정책 기준을 제시하는 문서
- 행정예고 - 정책 시행 전 의견 청취 절차
- 입법예고 - 법률·시행령 사전 공고
- 특례법 - 특정 분야 완화·예외 규정
- 규제 샌드박스 - 신기술 시험적 규제 완화제도
- ICT 규제혁신 - 디지털 규제 개선 절차
- 정부R&D 예산 - 국가 연구개발 투자액
- 국가연구개발사업평가 - 정부 R&D 성과 평가
- 공공데이터법 - 공공 데이터 개방 법률
- 디지털플랫폼정부 - 플랫폼 기반 행정체계
- 국정과제 - 정부5년 중점 정책
- 산업전략 - 국가 산업 육성 정책
- 지역혁신플랫폼 - 지역별 R&D·산업 거점
- 규제조정회의 - 규제개선 심의 기구
- 디지털 포용- 취약계층 디지털 접근성 정책
- 기술자문단 - 정부·기관 기술 검토 조직
- 정책보고서 - 정부·기관 공식 분석 문서

30. 국제기구·국제 기준·무역 규제

- UN - 국제연합
- OECD - 경제협력개발기구
- WTO - 세계무역기구
- ITU - 국제전기통신연합
- WIPO - 세계지식재산기구
- WHO - 세계보건기구
- IETF - 인터넷표준화기구
- ISO - 국제표준화기구
- ICANN - 인터넷 주소 체계 관리 기구
- Basel Committee - 국제 은행 규제기구
- GDPR - EU 개인정보보호 규정
- AI Act - EU 인공지능 규제 법안
- Digital Services Act - EU 온라인 서비스 규제
- Digital Markets Act - EU 플랫폼 경쟁 규제
- Export Control - 전략물자 수출 통제
- Dual-use Item - 군·민수 겸용 물자
- EAR - 미국 수출관리규정
- Entity List - 미국 수출규제 대상목록
- CHIPS Act - 미국 반도체 보조금 법안

- Inflation Reduction Act - 미국 친환경 보조금 법
- Data Localization - 데이터 국내 저장 요구
- Cross-border Data Flow - 국가 간 데이터 이동
- Mutual Recognition - 상호 인증제도
- Trade Barrier - 비관세 장벽
- Sanction - 제재 조치
- Market Access - 시장 접근성
- Competition Law - 경쟁법
- Digital Tax - 디지털 서비스세
- IP Licensing - 지식재산권 사용 허가
- Standard Essential Patent - 표준필수특허

31. 산업 구조·기업 전략·재무 개념

- Corporate Governance - 기업 지배구조
- Shareholder Meeting - 주주총회
- Board of Directors - 이사회
- Independent Director - 사외이사
- Executive Compensation - 임원 보수
- M&A - 기업 인수·합병

- Spin-off - 기업 분할
- JV (Joint Venture) - 합작사
- Equity Investment - 지분 투자
- Strategic Partnership - 전략적 협력
- IPO - 기업공개
- Market Capitalization - 시가총액
- EPS - 주당순이익
- PER - 주가수익비율
- PBR - 주가순자산비율
- ROE - 자기자본이익률
- Free Cash Flow - 잉여현금흐름
- Debt Ratio - 부채비율
- Cost Structure - 비용 구조
- Revenue Model - 매출 구조
- R&D 비용 - 연구개발 지출
- CAPEX - 설비투자
- OPEX - 운영비
- Global Supply Chain - 글로벌 공급망 구조
- Vertical Integration - 수직계열화
- Horizontal Expansion - 동종 확장 전략
- Network Effect - 사용자 증가 효과

- Switching Cost - 전환 비용
- Market Concentration - 시장 집중도
- Industry Cycle - 산업 경기 변동

32. 디지털·사회·국가전략

- Digital Divide - 디지털 격차
- Accessibility - 접근성 기준
- Digital Literacy - 디지털 이해 능력
- Algorithm Accountability - 알고리즘 책임성
- AI Ethics - 인공지능 윤리 기준
- Cybersecurity Framework - 국가 사이버안보 체계
- National Competitiveness - 국가 기술 경쟁력
- Digital Transformation - 디지털 전환
- Smart City - ICT 기반 도시 서비스
- Innovation Policy - 국가 혁신 정책

2장

한국 테크기업 지도 (AI·바이오·우주·반도체)

1. 테크기업 지도의 목적

테크 기사를 쓸 때 "어느 산업계 지도에서 어떤 위치에 선 기업인지", "기술 개발자-수요자-규제자-지원 기관 관계"를 한 번에 정리할 수 있는 틀 제공. 특히 AI·바이오·우주·반도체 4대 축을 대기업, 중견·스타트업, 공공·연구, 규제·정책으로 나눠 보는 훈련을 돕는다.

2. 공통 프레임: 4분면 지도

각 분야를 볼 때 다음 4분면 구조로 표를 그리는 것을 기본으로 한다.

- 대기업·빅테크: 자본·시장·플랫폼을 가진 축
- 중견·스타트업: 기술·아이디어·속도를 가진 축
- 공공·연구기관: 기초 R&D·인프라·데이터를 제공하는 축
- 규제·정책·지원기관: 법·가이드라인·예산·인증을 담당하는 축

기사에서 "이 정책으로 누가 이익을 보고, 누가 부담을 지며, 어떤 스타트업과 연구기관이 영향을 받는지를 이 4분면에서 찾아서 정리하면 기사를 체계적으로 쓰는데 도움이 된다.

3. 한국 AI 생태계 지도

1. LLM·클라우드·AI 반도체·산업 AI·모빌리티 AI)

1) 대기업·플랫폼
- 네이버: 검색·클라우드·KLOVA·Kmed.ai
- 카카오: LLM·챗봇·모빌리티·콘텐츠
- SKT: 한국어 LLM·NUGU·AI 반도체 도전
- KT·LGU+: 데이터센터·AI Contact Center(상담봇)
- 삼성전자: 온디바이스 AI·모바일 AI
- LG전자: 로봇·가전 AI

2) 스타트업·중견 AI

- LLM·에이전트: 업스테이지, 네이버 계열 스타트업, 솔트룩스
- 생성 AI: 이미지·음성·영상 생성 기업들
- 산업용 AI: 스마트팩토리, 물류 최적화, 금융 이상거래 탐지
- AI 반도체: 리벨리온·SAPION(삼성전자 CXL 생태계)

3) 공공·연구

- ETRI, KAIST AI대학원
- 국가 AI 허브(공공 데이터 라벨링)
- 정부출연연 AI 연구 그룹

4) 규제·정책

- 과기정통부 AI 정책·안전기준
- 개인정보보호위원회: 데이터 활용·익명처리 기준
- 방미통위: AI 콘텐츠·플랫폼 정책
- AI 윤리기준(2020), AI 이용자 보호 가이드라인(2023~)

2. 항암·면역·단백질·ADC·세포·유전자 치료제·CDMO

1) 대기업

- 삼성바이오로직스: 글로벌 CDMO

- 셀트리온: 항체 의약품·바이오시밀러
- SK바이오팜·한미약품·유한양행: 신약 파이프라인
- LG화학 생명과학본부: 대사질환·항암제

2) 스타트업·중견

- ABL바이오(이중항체), 오름테라퓨틱, 브릿지바이오, 큐라티스
- 유전자·세포 치료 스타트업
- AI 신약 스타트업: 스탠다임, 심플렉스 등

3) 공공·연구기관

- 한국생명공학연구원, 국립보건연구원, 주요 대학병원 임상센터
- 국가임상시험지원재단
- 식약처 산하 시험·검정센터

4) 규제·정책

- 식약처: 임상 IND → 시판허가(NDA/BLA), 복지부·과기정통부 바이오·헬스 R&D
- 국가 바이오 전략 (2022~)

3. 발사체·위성·지상국·우주 데이터·우주정책

1) 정부·공공기관

- 우주항공청
- KARI(항우연): 누리호·위성 개발
- 국방우주사령부·과기정통부·산업부

2) 민간 발사체·위성·데이터

- 민간 발사체: 이노스페이스
- 위성·탑재체: 쎄트렉아이, 젤로, 페리지에어로스페이스
- 위성통신·지상국: KT Sat
- 우주 데이터 분석·활용 기업

3) 대학·연구

- KAIST 항공우주공학
- 주요 대학 위성 팀

4) 정책·규제

우주 기본계획, 발사체 허가, 우주물체 등록, 주파수·안보 규제, 우주 산업 육성 전략

4. HBM·메모리·파운드리·장비·소재·패키징

1) 메모리·파운드리 대기업

- 삼성전자: 메모리+파운드리
- SK하이닉스: HBM·DRAM 중심

2) 팹리스

- 텔레칩스, 퀄리타스반도체 등
- 자동차·AI·IoT 팹리스
- 모바일 AP는 해외 의존(퀄컴·미디어텍)

3) 장비·소재

- 한미반도체(패키징), 주성엔지니어링, 유진테크, 원익
- 소재: 솔브레인, 동진쎄미켐, SKC(동박), 와이씨텍 등

4) 연구·대학

- 반도체 특성화 대학 8개
- ETRI·KIST·IMEC 한국 협력

5) 정책

- 국가첨단전략산업법(2022~)

- 반도체 클러스터 조성
- 인력 양성·세액공제·R&D 확대

3장

주요 규제 연표
(AI·통신·데이터·플랫폼·
바이오·우주)

1. AI 규제 연표

연도	규제·정책
2019	AI 국가전략 발표(정부 공식 AI 전략 첫 수립)
2020	AI 윤리기준(신뢰·안전·책임 원칙 제시)
2021	AI 교육·데이터 인프라 확장 정책
2022	생성형 AI 등장 → 정부 TF 구성
2023	AI 이용자 보호 가이드라인 발표
2024	AI 안전성 기준 초안 발표
2025~	AI 규제 법제화 논의(안전성·투명성·책임 체계 중심)

2. 통신·전파·망 규제 연표

연도	규제·정책
2018	5G 상용화, 주파수 할당 경매
2020	5G 품질 논란 → 실측 강화
2021	데이터 요금제 규제 논의
2022	28㎓ 주파수 회수 결정
2023	통신비 분리 요금제 논쟁
2024	3G·LTE 재할당 검토 개시
2025	5G SA 의무화·여유주파수 회수방향 확정

3. 데이터·개인정보·보안 규제연표

연도	규제·정책
2018	개인정보보호법·신용정보법 개정 논의 본격화
2020	'데이터 3법' 시행(가명정보 활용)
2021	마이데이터 전면 시행
2022	개인정보위 독립성 강화
2023	개인정보 국외 이전 가이드라인 강화
2024	사이버보안 국가전략 개편
2025	AI 시대 데이터 활용·보안 통합 기준 논의

4. 플랫폼·콘텐츠 규제 연표

연도	규제·정책
2019	온라인 시장 공정화법 논의 시작
2020	플랫폼 노동 규제 논쟁
2021	구글 인앱결제 강제 금지법 시행(세계 최초)
2022	플랫폼 공정화법 국회 논쟁 확산
2023	방통위 → 방미통위로 조직 변화 논의
2024	콘텐츠·추천 알고리즘 규제 논의
2025	플랫폼 책임 강화 법제화 예상 시기

5. 바이오·헬스·의료 규제연표

연도	규제·정책
2016	첨단재생바이오법 제정
2020	첨단재생바이오·첨단의료복지법 시행
2021	백신·치료제 긴급사용승인 체계 강화
2022	임상시험 규제 완화·디지털헬스 육성
2023	AI 의료·원격의료 논의 확산
2024	임상 데이터·유전체데이터 규제 개편
2025	바이오헬스 국가전략(개정본) 추진

6. 우주·항공 규제 연표

연도	규제·정책
2018	우주개발진흥법 개정
2020	우주산업진흥 기본계획 수립
2021	민간 발사체 규제 정비 착수
2022	누리호 2차 성공 → 민간 전환논의
2023	우주항공청 설치 법안 통과
2024	우주항공청 공식 출범
2025	발사체 허가 기준·우주물체 등록 체계 정비

4장

테크 베스트 기사 선정·해설

1. AI·데이터·클라우드 분야

1. 생성형 AI 국내 상용화 영향 분석 기사

- 구체 사례: 2024~2025년 NAVER·카카오·KT·LG 등 국내 기업이 생성형 AI '상용화 로드맵'을 발표하고, 과기정통부가 "AI 3대 강국 전략"과 GPU 26만 장 조달 계획을 공식화한 보도들이 활용됨.
- 해설: 기술(LLM → 엣지 → 멀티모달) 설명 → 기업 서비스 적용(Naver Clova X, Kakao KoGPT, LG A.X) → 보안 리스크 (KISA·NCSC 자료 기반) → 규제(과기부·개인정보위 발표) 순으로 서술해 AI 기사 표준 구조로 가치가 높음.

2. 한국 기업의 LLM 개발 현황 비교 기사

- 구체 사례: 네이버 하이퍼클로바X, 카카오 KoGPT 등의 파라미터·학습데이터 규모·성능 벤치마크(공식 발표)를 정리한 〈LLM 비교표〉 기사.
- 해설: 기업 홍보 없이 '공개된 스펙·성능 지표만 표로 정리'해 독자의 기술 이해도를 높인 보편적 참고 자료.

3. 데이터센터 전력 부족 및 산업계 영향 기사

- 구체 사례: 2024년 산업부가 발표한 "전력 예비율 확보 계획"과, 수도권 데이터센터 입지 제한(전력 부족) 관련 KT·SKB·LG CNS 사업 지연사례를 함께 분석한 기사.
- 해설: 전력망-입지-클라우드 산업-공공기관의 연결 문제를 구조적으로 짚은 모범 기사.

4. GPU 공급난 실태 및 사례 데이터 기사

- 구체 사례: 엔비디아 B200/H200의 글로벌 공급 부족, 국내 클라우드사(Naver Cloud·KT Cloud·NHN Cloud)의 확보경쟁, AI 스타트업이 GPU 확보 실패로 개발 지연된 실증 사례 기사.
- 해설: 공급 → 수요 → 산업 영향의 3단 논리가 완성도 높음.

5. 공공 데이터 개방 정책 변화 분석

- 구체 사례: 범정부 '공공데이터 개방 3.0' 발표(2024, 640종 데이터 추가 개방 항목, 민간 기업 활용 사례(교통데이터 기반 모빌리티 서비스 등).
- 해설: "정책이 실제 비즈니스에 어떻게 적용되나"를 구체적 서비스 예시로 보여 줘 정책 기사로 활용도 높음.

6. K-클라우드 시장 점유율·서비스 비교 기사

- 구체 사례: 한국 IDC·여러 리포트 기반의 시장 점유율(네이버-KT-NHN 구조), 주요 서비스 비교(GenAI·GPU 팜).
- 해설: 수치·표·그래프 기반 구성이라 기자 교육에 좋은 기사.

7. AI 상담봇 품질 논란 점검 기사

- 구체 사례: 금융사·지자체의 챗봇이 부정확 답변을 준 실제 사례 (공개된 민원 통계, 기관 내부 점검 보고서).
- 해설: 기업 PR 없이 오류 유형을 실증사례로 해부한 모범 기사.

8. AI로 인한 사이버 공격 자동화 실태

- 구체 사례: 미 NSA·CISA·한국 KISA 'AI 기반 공격 패턴' 공개 리포트에서 실제 확인된 자동화 피싱·크롤링·암호화 공격 사례만 인용.
- 해설: 검증된 보고서만 쓰는 팩트 기반보안 기사 표준.

9. AI 저작권·저작물 학습 법제 정리 기사

- 구체 사례: 미국·EU AI Act, 국내 저작권법 개정 논의(문체부·개 보위 발표).
- 해설: 논란 구호를 배제하고 법령·판례 중심으로 구성.

10. AI 의료 규제 동향

- 구체 사례: 식약처 'AI 의료기기 허가사례'(뷰노·루닛 등), 병원 PACS·영상진단 AI 적용 제한 요소.
- 해설: 기술 한계와 규제 제한을 명확히 분리해 서술.

2. 반도체·HW·전기전자 분야

1. HBM 공급망 분석 기사

- 구체 사례: SK하이닉스·삼성 HBM 공급 확대, 엔비디아·AMD 와의 HBM3E 계약 구조, 글로벌 공급망 리포트.
- 해설: DRAM → HBM → GPU → AI 산업의 구조를 명확히 연결.

2. 삼성·TSMC 공정 비교 기사

- 구체 사례: 양사 공식 발표(3nm·2nm 노드)와 ASML·애널리스트 리포트에 기반한 비교.

- 해설: 추측 없이 공식 수치만 사용한 점이 우수.

3. SK하이닉스HBM 생산 라인 점검 기사

- 구체 사례: 청주·이천 HBM 라인의 공정 고도화 현장을 취재한 기사.
- 해설: 현장감 + 기술적 설명이 균형 잡힌기사.

4. 파운드리 가격·수율 구조 설명 기사

- 구체 사례: 글로벌 파운드리 업체 재무자료(삼성·TSMC·UMC) 공개 수율·가격 구조.
- 해설: 복잡한 반도체 경제학을 독자 친화적으로 풀어낸 교본.

5. 반도체 장비 국산화 수준 분석 기사

- 구체 사례: 국산 노광·식각 장비 도입률(정부·KETI·SEMICON Korea 자료).
- 해설: 실제 도입률·검증 단계 중심.

6. 패키징 신기술 변화(2.5D→3D)

- 구체 사례: TSV·HBM 스택·Hybrid Bonding 등 공정기술을 기업 발표에 기반해 설명.
- 해설: 과장 없이 데이터 기반으로 기술 전환 설명.

7. 글로벌 칩 수출규제 영향 기사

- 구체 사례: 미 상무부(CEC), EU Chips Act, 중국 반도체 규제 정책의 기업 영향.
- 해설: "정책 → 대상기업 → 국내영향" 3단 구조가 완벽.

8. 전고체 배터리 기술 단계 분석

- 구체 사례: 삼성SDI·도요타·퀀텀스케이프 전고체 배터리 검증 단계공식 발표.
- 해설: 홍보 문구 배제, 검증 단계 명확화.

3. 통신·네트워크·전파 정책

1. 3G·LTE 주파수 재할당 정책 정리

- 구체 사례: 과기정통부 재할당 공개 설명회 자료(재할당 조건· 가격).
- 해설: 정책·선례·조건을 균형 있게 정리.

2. 5G 품질 측정 결과 분석

- 구체 사례: 과기정통부·KISO 5G 속도·지연·품질 측정 결과.
- 해설: 수치 기반 구성이라 신뢰도 높음.

3. SA(단독모드) 의무 도입 일정 분석

- 구체 사례: SA 의무화 발표(2024~202⑤, 3사 일정비교.
- 해설: 기술 개념을 가장 명확히 정리한 기사.

4. 망중립성 논쟁·정책 변화 기사

- 구체 사례: 미국 FCC·EU BEREC·한국 방통위 정책 비교.
- 해설: 감정 없이 국제 비교중심.

5. 기지국 장애·백본 장애 분석 기사

- 구체 사례: 2022년 카카오 데이터센터 화재·통신사 전국장애 사례 등.
- 해설: 장애 원인을 RAN·코어·백홀로 구분한 기술적 교본.

6. 데이터 트래픽 폭증·요금제 구조 기사

- 구체 사례: 트래픽 증가 통계(과기부·통신사 공시), 망 이용대가 논쟁.
- 해설: 요금제·필수설비·접속료 구조 정리.

4. 보안·해킹·사이버 분야

1. 라자루스APT 공격 패턴 정리 기사

- 구체 사례: NSA·KISA·AhnLab 공개 리포트의 침투 벡터·C2 서버 패턴.
- 해설: 해외·국내 자료 교차 검증이 우수.

2. 랜섬웨어 유행·타깃 산업 분석 기사

- 구체 사례: 올해 한국 기업 공격건수(안랩 TIP), LockBit·BlackCat 사례.
- 해설: 과장 없는 수치 기반기사.

3. 기업 보안 투자 실태 점검 기사

- 구체 사례: 상장사 보안 투자 공시, 개인정보위 과징금 통계.
- 해설: 기업 공개자료 기반이라 사실성 높음.

4. 대형 플랫폼 계정탈취 사례 분석

- 구체 사례: 국내 이메일·플랫폼 계정 도용 사고(KISA 월간 분석).
- 해설: MFA·토큰 탈취 등 기술적 요소이해도 높임.

5. 데이터센터 물리보안 실태 기사

- 구체 사례: 실제 IDC 투어 취재, 물리보안 단계(출입·CCTV·방재).
- 해설: 현장 취재 기반의 대표 기사.

6. 이메일 스피어피싱 AI 활용 사례

- 구체 사례: KISA·CISA 경보에 나온 AI 기반 타깃 공격 사례.
- 해설: 공개 자료만 인용한 점이 모범.

7. 개인정보 유출 사고 절차 분석

- 구체 사례: KISA 신고 절차, 과징금 부과과정, 통지 의무 등 정리.
- 해설: 정책 기사 교본.

5. 우주·항공·위성·뉴스페이스

1. 누리호 발사 성공·실패 요인 분석

- 구체 사례: 누리호 4차 발사서 추력·단 분리·위성 분리 과정 분석.
- 해설: 기술 요소 설명이 기사 교본급.

2. 민간 발사체 기술 시험·인증 절차

- 구체 사례: 이노스페이스 '한빛-TLV', 우주항공청 인증 절차.

- 해설: 발사체·항전장비·지상국 인증 구조 정리.

3. 위성 통신·LEO(저궤도) 시대 기사

- 구체 사례: Starlink 한국 개시(202⑤, Ku·Ka 대역 주파수 배정, 국내 위성통신 기술.
- 해설: 기술·사업·정책 비교 완성도 높음.

4. 위성 SAR·EO 데이터 산업 구조 기사

- 구체 사례: 아리랑 7호(EO), 국내 SAR 개발 기업(나라스페이스 등).
- 해설: '수요→데이터→분석→활용' 가치사슬 정리의 대표 사례.

5. 우주항공청 출범·정책 변화 기사

- 구체 사례: 우주항공청 조직도·예산·위성개발 계획.
- 해설: 조직→예산→산업 영향 구조를 명확히 제시.

6. 우주 제약·미세중력 실험 기사

- 구체 사례: 국제우주정거장(ISS) 미세중력 실험, 국내 바이오 기업 참여 사례.
- 해설: 과학적 근거 기반의 전문 기사.

6. 바이오·제약·의료

1. 항암제 임상(PFS·OS) 분석 기사

- 구체 사례: 루닛·보령·머크·AZ 항암제 임상 공식 발표 자료.
- 해설: PFS·OS를 독자 친화적으로 해설한 기사.

2. 세포·유전자 치료제 산업 구조 기사

- 구체 사례: CAR-T, AAV 치료제 개발 단계(연구 → GMP → 임상 → 허가).
- 해설: 산업 구조를 정확히 분리.

3. CDMO 산업(삼성바이오로직스·SK바사)

- 구체 사례: 생산능력(Capa), 고객군, 수출 데이터.
- 해설: 수치 기반 비교 기사.

4. 식약처 임상 승인·허가 절차 기사

- 구체 사례: IND·NDA·BLA 프로세스와 최근승인 사례.
- 해설: 편향 없이 정리된 규제 기사.

5. 디지털 치료제 규제·기술 현황

- 구체 사례: 국내·미 FDA의 SaMD 허가 기준.

- 해설: 의료기기 vs 소프트웨어 의료기기 구분이 명확.

6. AI 신약개발 실제 효용·한계 분석

- 구체 사례: 신약 후보 발굴 AI(인실리코·신테카바이오 등) 실제 검증 사례.
- 해설: 과장 배제, 검증된 지표만 활용.

7. 플랫폼·콘텐츠·게임·빅테크

1. 네이버·카카오 플랫폼 구조 설명 기사

- 구체 사례: 검색-쇼핑-광고-결제-콘텐츠-위치 기반 생태계 구조.
- 해설: '생태계 전체'의 연결성을 설명한 기사.

2. OTT·웹툰·게임 IP 확장 사례 분석

- 구체 사례: 〈지옥〉·〈재벌집 막내아들〉·네이버웹툰 글로벌 확장·게임 IP 콜라보.
- 해설: IP → 콘텐츠 → 매출 구조까지 분석.

3. 앱마켓 인앱결제 규제 기사

- 구체 사례: 구글·애플 인앱결제 규제 논쟁, 국내 전기통신사업법 개정.
- 해설: 실효·영향 중심의 균형 잡힌 기사.

4. 게임사 보안·개인정보 사고 분석

- 구체 사례: 넥슨·스마일게이트 등 대형 게임사의 보안 사고 공개 사례.
- 해설: 보안 기사와 콘텐츠 산업 이해를 결합한 점이 돋보임.

에필로그

    이 책을 통해 기술을 바라보는 새로운 시각을 정리하고 테크 분야의 취재와 보도에 필요한 기본과 원칙을 되짚었다.

    AI, 반도체, 바이오, 우주, 통신, 보안 등 개별 분야는 서로 다른 언어를 사용하지만 기자가 그 모든 영역을 다루는 이유는 단 하나다.

    기술이 이미 우리 사회와 산업, 정책, 생활의 전반을 움직이고 있기 때문이다.

    이 책의 목적은 기술을 깊이 파고드는 전문가가 되는 것이 아니다.

    기자가 기술의 핵심을 빠르게 이해하고 정확하게 설명하며 책임 있게 보도하도록 도움을 주는 데 있다.

    기술이 아무리 빠르게 진화해도 기사 한 줄이 독자에게 미치는 영향은 변하지 않는다.

    팩트가 흔들리면 기사도 흔들리고 기사가 흔들리면 현실을 바라보는 독자의 시각도 흔들린다.

그렇기에 '기술을 설명하는 힘'은 단순한 지식이 아니라 기자가 지켜야 할 책무와 직업 윤리에 가깝다.

현장에서 마주하는 테크 이슈들은 점점 더 복잡해지고 있다.

AI 모델 구조, HBM 공정, 임상 데이터, 주파수 정책, 사이버 공격, 위성·발사체 기술까지 기자의 책상에는 기술 문서·공시자료·규제안·기업 설명회 발표가 매일 쌓인다.

때로는 정보가 과도하고 때로는 지나치게 단편적이다.

이 책이 그 사이에서 사실을 구분하고, 맥락을 연결하고, 질문을 만들기 위한 기준이 되길 바란다.

기술을 제대로 이해하는 기자는 독자가 기술의 변화를 두려워하지 않도록 돕는다.

기술이 만들어낼 기회와 위험, 이익과 손실, 정책과 산업의 방향을 팩트 기반으로 전달할 수 있는 사람이 언론의 품격을 지킨다.

그것이 테크부 기자에게 요구되는 역할이며 앞으로 언론이 갖춰야 할 새로운 역량이기도 하다.

이 책이 테크 담당 기자들뿐 아니라 정책 담당자, 산업 종사자, 연구자, 그리고 기술을 정확히 이해하고 싶은 모든 사람들에게 작은 기준점이 되었으면 한다.